T0161708

QU'EST-CE QUE CRÉER ?

DU MÊME AUTEUR

Signification de l'Homme, P.U.F., 1960 (Collection *Le Philosophe*).

L'Un-Multiple et l'Attribution chez Platon et les Sophistes, Vrin, 1962.

Aventure de l'Absolu, Martinus Nijhoff, 1972 (Collection *Phaenomenologica*).

Voyage au centre du monde, Essai de Philosophie politique (Anthropos 1975).

Le Philosophe retrouvé, précédé de *Criton, ou De l'Obéissance* (L'Age d'Homme — La Cité) 1978, Collection « Amers ».

Itinéraire du Sens, P.U.F., 1982 (Collection *Philosophie d'aujourd'hui*).

ESSAIS D'ART ET DE PHILOSOPHIE

QU'EST-CE QUE CRÉER ?

par

Jacques ROLLAND de RENÉVILLE

PARIS
LIBRAIRIE PHILOSOPHIQUE J. VRIN
6, Place de la Sorbonne, V^e
—
1988

© *Librairie Philosophique J. VRIN*, 1988
ISBN 2-7116-0965-0

à Pierre, Catherine,
Sophie et Philippe

CHAPITRE PREMIER
LE MAÎTRE, L'ESCLAVE ET L'ŒUVRE

Les Français bourgeois qu'ont élevés les derniers domestiques et qu'ont étonnés les premiers instruments électro-ménagers disposent d'un privilège : mieux que leurs parents et leurs enfants, ils ont découvert l'ambiguïté des rapports avec autrui, parce qu'entre la disparition des domestiques et l'apparition des aspirateurs ils ont vu surgir à l'état pur la dialecticité des rapports entre classes, et que dialectique et ambiguïté conduisent toujours l'une à l'autre.

Les Français, parce que leur pays se situe exactement là où se font équilibre l'Europe du nord et celle du sud, lesquelles respectivement s'accordent une caricature du domestique et une caricature du maître.

De cette ambiguïté, déjà Hegel avait admirablement rendu compte : n'être maître que de serviteurs est en dépendre, finalement c'est les servir, tandis que dominer la nature pour le compte d'un maître conduit à asservir celle-ci, s'érigeant ainsi maître de celui pour le compte duquel on l'asservit. A la limite, le maître du monde, Marc-Aurèle, et l'esclave Épictète, se découvrent égaux devant la raison. Mais la dialectique hégelienne dépasse trop vite ce moment-là sans en avoir épuisé toutes les richesses. La contradiction à l'œuvre ne se borne pas à transformer l'un de maître en serviteur et l'autre de serviteur en maître, puis à découvrir en chacun, selon le modèle stoïcien, le maître de soi-même parce qu'il est le serviteur de la raison. Beaucoup plus profondément elle introduit au cœur de chaque partenaire une nouvelle opposition ; elle fait de celui-ci à la fois un bon et un mauvais maître, de celui-là un bon et un mauvais serviteur, de telle sorte qu'en chacun d'eux ne fassent plus qu'une son image dans les yeux de l'autre et son image à ses propres yeux. Chacun de nous est à la fois tel qu'il se voit et tel que le voit celui qui le sert ou qu'il sert. Rien ne révèle mieux la vérité d'un homme que l'éclatant contraste entre la conscience qu'il a de lui-même et celle qu'en a son maître ou son serviteur.

C'est manifeste quand le maître consiste en une entreprise, parce que le collectif agrandit l'individuel sans en altérer les proportions. L'entreprise est à la fois ce qui distribue du pouvoir d'achat et ce qui exploite : « son implantation est souhaitable, mais dès qu'elle est implantée, ses dirigeants sont des adversaires... Elle est toujours en accusation, pour cause d'exploitation si elle fait des bénéfices, pour cause de mauvaise gestion si elle est en perte »[1], et en permanence pour ces deux raisons à la fois si elle vivote grâce à des subventions, comme en France aujourd'hui c'est si souvent le cas. Bref elle paraît double, ambiguë, et ses serviteurs, les ouvriers, lui renvoient l'image de cette ambiguïté : ils sont à la fois les agents de son fonctionnement et ses ennemis dans la place. Par eux elle tourne, mais risque, comme par l'anhydride carbonique, hormone respiratoire, le centre bulbaire de la respiration fonctionne, mais sous la menace permanente d'asphyxie.

Aussi le maître apparaît-il au serviteur comme à lui-même celui qui prévoit et pourvoit, mais aussi exploite et réprime, tandis qu'au maître et à lui-même le serviteur apparaît celui qui exécute et assiste, mais aussi encombre et menace. Ceci surtout en France, où les deux fonctions de chaque partenaire tendent à se fondre pour n'en apparaître qu'une, contradictoire en soi. Comment donc les discerner, puis dissiper leur contradiction ? C'est ici que paraissent intervenir le nord et le sud de notre pays.

---

1. Alfred GROSSER, *Grèves et irresponsabilités* (*Le Monde* du 19 novembre 1978).

On a observé en effet que si tout projet nécessite à la fois d'être conçu et décidé par les uns, puis exécuté par d'autres — à l'unique exception, je crois, des œuvres que La Bruyère nomme « les ouvrages de l'esprit », exécutés à mesure par ceux-là mêmes qui les ont conçus — tous ne perçoivent pas identiquement cette division des tâches. Les uns privilégient la décision au détriment de l'exécution, les autres font l'inverse.

Or les premiers sont plus nombreux dans l'Europe industrialisée du nord, les seconds dans l'Europe plus rurale du sud, de sorte que la situation géographique de la France, là où ils se font équilibre, nous conduit à une sorte de neutralité, qui pourrait expliquer cette fusion contradictoire, cette ambiguïté permanente, et en même temps aider par comparaison à discerner ce que notre tempérament national nous fait apparaître indiscernable.

Dans les pays industrialisés de l'Europe du nord, observe Charles Boch, le maître apparaît sous les traits de Phileas Fogg, tout de rigueur, d'exactitude, de dévouement. Sous l'apparence significative de Passepartout, simple surnom qui ne lui laisse même pas l'honneur de posséder un nom, le serviteur n'est qu'un nouveau Mascarille ; tout de ruse, souplesse, débrouille, il réincarne les valets de Molière et de Marivaux. Dans ceux du sud au contraire c'est don Quichotte qui caricature l'élite, tandis que le domestique, Sancho, réduit à chevaucher un âne, est par excellence l'homme du bon sens, qui discerne le possible de l'impossible. Un pays comme la France est particulièrement sensibilisé à ce conflit de valeurs, pour la simple raison que « par ses origines, le peuple français a autant d'attaches avec l'Europe du nord qu'avec l'Europe du sud »[2].

Virtuellement Phileas Fogg ou Don Quichotte le maître, en puissance Passepartout aussi bien que Sancho le serviteur, chacun prêt à revêtir l'un ou l'autre personnage, chacun est prêt aussi ou le plus souvent à les revêtir tous deux à la fois lorsqu'entre les deux tendances opposées la courbe s'horizontalise, d'où les échanges entre maîtres et valets chez Marivaux. Ainsi chaque classe dispose-

2. Charles Bocн, P.D.G. du Centre pour le traitement de l'Informatique, auteur d'un article publié dans *Le Monde* du 4 novembre 1979 sous le titre *Entre Phileas Fogg et Passepartout : pour un double code de l'Informatique.*

t-elle là d'un arsenal toujours prêt pour contester son adversaire : il lui suffit d'effacer l'une des deux images que lui présente celui-ci pour que l'autre, caricaturale, désormais surgisse seule.

Peut-être d'ailleurs cette situation socio-économique de la France par rapport à ses voisins n'apparaît-elle que par abstraction. Concrètement, il n'y a pas plus de socio-économique pur ni de géographique pur que de culturel pur : tout s'intègre. Or on sait bien que le français constitue la plus germanisée des langues latines, traduisant l'irruption massive dans une langue romane de mots apportés par les Germains des légions romaines, puis par les envahisseurs Francs et Normands, et par là contribue à faire de la France un *medium*, peut-être le *medium* par excellence, entre l'Europe méridionale et l'Europe septentrionale. Combien de fois me suis-je senti faire figure en Italie d'Allemand et en Allemagne d'Italien ! Entre le modèle qu'offre un *gentleman* et l'image que propose un *picaro*, les Français préfèrent s'abstenir : ni vraiment commander ni vraiment obéir. D'où la difficulté à les gouverner, leurs réticences à être gouvernés, en un mot cette « haine violente et inextinguible de l'inégalité » chez une nation que Tocqueville « trouve plus extraordinaire qu'aucun des événements de son histoire ».

Commander, obéir, on vient de toucher là les deux termes d'un rapport si vaste qu'il pourrait bien tisser la trame de tous les problèmes, débordant de toutes parts jusqu'à l'universel la simple relation entre maître et serviteur. L'apprenti, le croyant, l'amoureux, le savant, le politique, le marchand, et les subsumant tous, le locuteur, tous ces personnages, tous les personnages commandent et obéissent, si diversement que la difficulté consiste à reconnaître le commandement et l'obéissance sous tant d'affublements. Plus difficile encore serait de définir leur essence : qu'est-ce qu'enjoindre, et qu'obtempérer ? Pourquoi ordonne-t-on, exécute-t-on ?

Observons que le commandement, l'obéissance et la hiérarchie sont exclusivement humains. C'est à peine si le monde animal en offre l'esquisse puisque la nature de l'ordre est d'être transgressible alors que les animaux ne transgressent jamais, chaque membre de leur communauté se comporte à l'égard des autres et de la loi qui la domine comme une cellule à l'égard de l'organisation, non comme un sujet à l'égard du prince. Seuls les hommes obéissent, tous, même le chef du plus puissant empire, pour l'excellente raison qu'ils ont un maître absolu, la mort.

Les animaux ne meurent pas, ils disparaissent physiquement ; ce que nous nommons leur « mort » leur demeure extérieur, n'est qu'une redistribution de l'organique, la résorption dans la nature de leur corps, lui-même partie intégrante de la nature, alors que le corps de l'homme est seulement son incarnation, l'engagement de sa conscience dans la nature, sa « chair », son « corps propre », *Leib*, comme l'écrit Husserl pour l'opposer au *Körper*, machine cartésienne, ou comme on voudra, le *sôma* par opposition au *corporel*. Seul l'homme meurt, il est même par essence *être-pour-la-mort*. Non seulement il sait qu'il mourra, mais seul il intériorise sa mort, seule l'angoisse de celle-ci définit l'homme, elle remplace la peur de tel ou tel danger, commune à l'homme et à l'animal, par ce que Hegel nomme « un tremblement dans les profondeurs de soi-même ». Seul l'homme donne à sa vie un sens parce que le lui dicte sa certitude de mourir. C'est parce que le hante le néant, qui le guette et inévitablement l'absorbera, que pendant qu'il en est temps encore il s'épuise à construire, à créer, c'est-à-dire à combattre son inéluctable vainqueur. Nié, il nie. Voué à l'abolition, il abolit l'angoisse par le divertissement, ou le monde qu'impose la nature pour lui substituer un monde créé par le travail, la culture, la civilisation. Au-dessus de tous les maîtres il y a donc un « maître absolu »[3], dont tous les hommes sont esclaves.

Mais ici encore Hegel n'a pas épuisé toutes les richesses du problème qu'il avait magistralement posé. Cet échange entre Maîtrise et Servitude qu'impose aux combattants l'issue du combat, quand la reconnaissance de l'esclave par le maître fait celui-ci esclave de son esclave et de l'esclave le maître de son maître, pourquoi ne serait-il pas applicable au « maître absolu », à la mort elle-même ? Il suffit s'ouvrir les yeux pour apercevoir en la mort notre serviteur absolu, l'instrument de tous nos projets, notre bonne à tout faire. Baudelaire écrit que c'est elle qui nous fait vivre, nous console, donne un but à notre vie, nous procure l'élixir qui « nous monte et nous énivre ». Swift fait visiter à Gulliver une cité, Laputa,

3. HEGEL, *Phénoménologie de l'Esprit*, trad. J. Hyppolite, I., p. 164.

où çà et là naîtraient parfois quelques immortels, marqués à leur naissance par une tache à la tempe. Pour être exemptés de la mort, ces malheureux ne le seraient point d'une vieillesse bien pire que celle des autres, puisqu'éternelle, encombrant progressivement Laputa de déchets tremblotants qui la condamneraient vite à l'asphyxie, façon de montrer en la mort le boueux nécessaire. Hegel décrit d'abondance les services qu'elle nous rend : nous arrachant à la vie biologique, elle nous introduit dans la vie de l'esprit. Nous contraignant à l'affrontement sanglant d'autrui, elle nous confère cette suprême seigneurie de « s'outre-passer soi-même » ; son angoisse nous préserve de la léthargie animale, elle transforme le sentiment vécu de soi en conscience, et montre celle-ci arrachée à tout engagement *hic et nunc*, consacrée à nous hisser au-dessus de la nature, jusqu'à ce sommet absolu qu'est l'esprit, c'est-à-dire la liberté, à travers ce combat mortel entre consciences qu'alimente éternellement le conflit entre esclaves et maîtres, lequel à son tour meut l'histoire, la culture, la civilisation. C'est la mort enfin qui arrache l'individu à l'« engloutissement dans l'être-là naturel », à la famille, à la cité, pour l'élever jusqu'à l'universel, c'est-à-dire encore une fois la liberté.

C'est elle, enseignait Hérodote d'après ses observations en Égypte, qui nous fait savourer la vie, d'où la coutume, chez les hôtes riches, de faire porter par des serviteurs autour du festin l'image d'un mort, répétant : « buvez et prenez plaisir, car vous serez bientôt ainsi». C'est elle qui suscite l'amour, la passion, le goût de vivre, ainsi que l'enseigne Anatole France dans *La Fille de Lilith* et dans un sonnet intitulé *La Mort*. Puisant dans le *Talmud*, il raconte qu'Adam eut une première femme, Lilith, formée non d'une de ses côtes mais comme lui de la terre ; elle quitta le premier homme sans avoir eu part au péché. « Exemptes de douleur et de mort », « incapables de mérite et de démérite », ignorant le bien et le mal, elle et ses descendantes, immortelles comme elle, vécurent jalouses des filles d'Ève. Leur prière : « Mon Dieu, donnez-nous la mort afin que je goûte la vie », ce qu'illustrent abondamment ces deux vers du sonnet *La Mort* :

Si le besoin d'aimer vous caresse et vous mord
Amants, c'est que déjà plane sur vous la mort.

Sans doute, de toutes façons la mort gagnera. Mais perdre la partie peut être la plus haute victoire, et là encore la mort nous procure les plus utiles services. D'ici l'heure fatale, il s'agit d'engager contre elle la partie suprême que peint Bergman dans *Le Septième Sceau*, celle qui contraint la mort à balayer le jeu à temps sous peine de perdre la face car elle allait perdre la partie ; avouer cela en balayant l'échiquier consiste précisément pour elle, puisque de toutes façons elle va gagner, en sa seule manière possible de perdre. Ces parties engagées avec la mort, que jouent le héros de Goethe ou celui de Balzac[4], et aussi celle que joue *in extremis* Mathieu Delarue, sont parfaitement claires : il va falloir mourir, certes, et tandis qu'on pouvait changer d'*ici* à volonté, on ne peut plus échapper à ce *maintenant* qu'une célèbre prière conduit à sa vérité « comme à l'heure de notre mort ». Du moins cette condamnation au néant, dont l'exécution s'approche avec la vitesse uniformément accélérée d'un fleuve jeune à l'approche des chutes, aura-t-elle été transformée, « pendant qu'il en est temps encore » dit Horace, en un effort désespéré pour « être », c'est-à-dire pour créer. Puisque l'échéance n'est pas éluctable, que du moins la liberté consiste à renvoyer le risque ainsi écarté vers son origine même ; à faire qu'il consiste désormais, non plus pour l'homme à mourir tout de suite au lieu que ce soit plus tard, mais pour la mort à être trompée au point de laisser échapper l'essence et ne dévorer que l'accident ; alors seulement elle sera vaincue autant qu'elle peut l'être, et l'on pourra la railler : *ubi victoria tua, o Mors ?* Simplement il s'agit de s'entendre sur ce qu'on nomme ici l'essence et l'accident.

Sans doute la vérité du spiritualisme, attitude mystifiante parce qu'elle-même naïve et mystifiée, est-elle d'enseigner que la victoire sur la mort consiste à sauver de celle-ci l'essentiel pour ne lui abandonner qu'une défroque. Son erreur, qui est fondamentale, est seulement de confondre l'essentiel avec ce que les spiritualistes tiennent pour une substance pensante radicalement séparée du corps et qu'ils nomment *âme* tandis que l'accidentel serait une substance étendue et par soi dépourvue de sens, précisément le corps. Telle

---

4. Raphaël de VALENTIN, dans *La Peau de Chagrin*.

qu'elle se donne à qui prend le soin de l'observer, l'essence de l'homme n'est pas une substance, c'est son opération, son travail, l'œuvre où son travail vient perpétuellement le transsubtantier en produisant l'histoire et la culture. Là est le seul enjeu qu'il s'agit d'arracher à la mort. Exister temporellement, en définitive, c'est donc employer chaque instant dans sa fugitivité même à combattre la mort, non certes pour la différer ou pour aborder à travers elle un au-delà imaginaire, ce qui ne serait que tenter dérisoirement d'esquiver le combat, mais pour préserver de l'anéantissement final ce dont précisément seule l'extirpation l'empêchera d'être un anéantissement, « véritable butin que nous gagnons sur le vieux Chronos »[5]. Paradoxe sanglant, jeu cruel, puisque le temps même qu'il faut pour employer ce tout-puissant pouvoir de donner sens qu'est la liberté à transformer notre servitude en maîtrise est précisément ce temps dont cette servitude consiste à subir le rétrécissement à vitesse uniformément accélérée. A la fadeur des vers classiques, celui de Boileau

Et l'instant où je parle est déjà loin de moi

ou même celui de Vigny

Aimez ce que jamais on ne verra deux fois

répond la saveur du poème en prose de Valéry : « Ce qui n'arrivera jamais plus arrive magnifiquement devant nos yeux ! », parce que ne manque plus ici, ou fait moins défaut, le condiment qui donne à l'existence humaine cette sapidité qui est à la fois *sens*, puisqu'elle est *sapientia*, et *saveur*, puisqu'elle donne goût : « Sagesse = *sapientia*, signifie saveur goûtée »[6]. Sagesse, *sapientia*, saveur, sens, exemptés de la mort nous n'en aurions même pas le soupçon. Sans elle, la vie ne vaudrait plus la moindre peine d'être vécue. Elle est notre maître, mais au moins autant notre fidèle serviteur, simultanément.

Aussi l'histoire des rapports entre maîtrise et servitude, c'est-

---

5. W. SCHULZ-BODMER, cité par K. Marx dans ses *Manuscrits de 1844*, trad. Boticelli, Éditions Sociales 1972, p. 15.

6. P. CLAUDEL, *Positions et propositions* (Gallimard, 1934, II, p. 169).

à-dire l'histoire, ne peut-elle être appréhendée ni décrite qu'à partir de la mort, adoptée comme seul point de vue possible sur elle pour l'excellente raison qu'observer est se placer hors de ce qu'on observe et que hors de la vie il n'y a place que pour la mort. Chaque vivant, détruisant d'autres vivants pour s'en nourrir, infligeant ainsi la mort à l'autre pour s'en préserver, mais finalement condamné à la subir, préfigure dans la nature l'ordre de la culture, c'est-à-dire la manière d'exister qui consiste à vivre sa propre mort comme conscience de soi, comme travail du négatif, liberté créatrice à l'œuvre. Par la peur, le service, le travail exécuté pour le compte de son maître, l'esclave transforme sa propre mort en domination de la nature, il s'érige maître à son tour. Hegel ajoute « maître du maître », et en effet les rapports entre esclaves et maîtres oscillent perpétuellement entre la situation révolutionnaire, consistant pour l'esclave à s'ériger maître de son maître, pour le maître à se trouver réduit en esclavage par son esclave, et la situation réformiste, conservatrice, institutionnelle, consistant pour chacun à doser minutieusement les proportions respectives de servitude et de maîtrise dans ses rapports avec autrui grâce à la hiérarchie, où chacun se retrouve à la fois maître et serviteur d'autrui. En situation révolutionnaire, le maître et l'esclave sont devenus ce qu'ils sont — ou plus précisément ils ont échangé leurs rôles — sous peine de mort. En situation institutionnelle, on peut gravir ou descendre sans danger de mort les degrés de la hiérarchie, mais la retraite veille ; mort professionnelle, elle « retire » l'actif de la hiérarchie pour le préparer à la mort tout court. Ces deux situations présentent ceci de commun que par rapport à son maître ou à son serviteur, *chacun est toujours l'autre.*

On ne peut donc pas ne pas se demander si le sens de l'histoire est de maintenir perpétuellement cette altérité, génératrice des classes et de leur lutte, ou bien s'il n'existerait pas une situation, anhistorique bien que nécessairement ancrée dans l'histoire, qui assignerait pour sens à celle-ci de supprimer cette altérité, en sorte que maître et serviteur cesseraient d'être autres, chaque homme se découvrirait dans l'allégresse maître et serviteur de lui-même, libéré de toute dépendance à l'égard d'autrui, que cette dépendance consistât en le commandement ou l'obéissance. Par là enfin serait vaincue la mort autant qu'on la puisse vaincre.

Hegel décrit une telle situation, qu'il juge avoir été accomplie par le stoïcisme. Marx la décrit aussi, prévoyant qu'elle sera créée par le socialisme et achevée par le communisme. Il est vrai que le sage stoïcien n'est esclave que de la raison, c'est-à-dire de sa propre liberté, et que si tous les hommes étaient stoïciens, tous seraient libres, égaux et fraternels. Mais Hegel ajoute aussitôt que cette liberté universelle, parce qu'elle est « indifférente à l'égard de l'être-là naturel », n'est qu'une liberté de la pensée, une pensée de la liberté, « édifiante » jusqu'à l'« ennui ». Vrai aussi qu'entre les maîtres du grand capital privé, les prolétaires n'ayant « plus à perdre que leurs chaînes », et les progrès foudroyants de la technique surgis des deux premières révolutions industrielles, une dialectique est née, depuis la situation décrite par un Sismondi ou un Villermé jusqu'au stalinisme pendant et après Staline, elle a porté l'immense espérance d'une humanité sans classes, sans États, sans frontières, sans rareté, par rapport à laquelle l'histoire antérieure apparaitrait une sorte de pré-histoire. Nul ne serait plus dépouillé de l'instrument, du produit, ni même du sens de son travail, lequel, source de toutes richesses, enrichirait et par là libérerait tous les hommes. Qui donc y croit encore aujourd'hui ?

Ces deux échecs s'expliquent si l'on s'avise que dans les deux cas la mort a été simplement évacuée, l'être-pour-la-mort oublié. Le stoïcien et le communiste se dépassent, ils adhèrent à une éternité qui n'est pas individuelle et qui par là les débarrasse d'eux-mêmes. Stoïcisme, hégelianisme et marxisme s'accordent à sacrifier l'individu à un absolu, la raison, l'Esprit, l'histoire, la révolution : le moi est haïssable, frères il faut mourir, c'est en perdant sa vie qu'on la regagnera au centuple, depuis saint Jean[7] jusqu'à Louis Aragon ce langage-là n'a point changé. Un autre système, parce qu'il fait à la mort sa part considérable, l'érigeant moteur des dialectiques socio-économiques, et parce qu'il montre en nos sociétés industrialisées l'échef définitif de la révolution, rend mieux compte

---

7. Bien que parfois il use de formules analogues et prescrive aussi à sa manière le sacrifice de soi, le christianisme tranche sur ces doctrines en ce que le chrétien ne s'anéantit pas ; au contraire il se recouvre et s'élève dans le sacrifice, lequel le promet et le promeut à une existence individuelle supérieure. Les analogies doivent donc être tenues ici pour les simples analogies qu'elles sont.

de la maîtrise et de la servitude, mais c'est pour les dissoudre dans l'anonymat d'un code génétique social qui ne fait que prolonger le code génétique des biologistes et s'ériger maître universel sans visage, orwellien. Du moins ouvre-t-il indirectement la voie vers une solution.

Baudrillard a montré avec éclat qu'à la loi naturelle de la valeur, dominant de la Renaissance à la première révolution industrielle, ont succédé la loi marchande de la valeur, « schème dominant de l'ère industrielle », puis sa loi structurale, schème dominant de notre temps, c'est-à-dire le règne du code. Devenue objet de consommation de masse, la culture n'est plus qu'une pratique ludique constituée en système de signes manifestant le prestige, conformément à une loi formulée dès 1899 par l'économiste américain Thorstein Veblen, exerçant aujourd'hui parmi nous les mêmes fonctions que le don et le contre-don dans les sociétés archaïques, aspects complémentaires de l'échange selon Mauss. Aussi l'usage symbolique dans nos sociétés industrielles conduit-il à transformer la contradiction révolutionnaire entre inégaux non en égalité mais en différences hiérarchiques au sein d'un code génétique social[8], lequel fabrique des individus en tant que consommateurs conditionnés par la nécessité de reproduire indéfiniment le système, et ici viennent converger avec les descriptions de Baudrillard celles de Marcuse, la surrépression et l'unidimensionnalité. Après avoir surdéterminé les valeurs d'usage, les valeurs d'échange les ont remplacées, niées, dépassées, absorbées comme rétroactivement, puisqu'il n'y a plus de valeurs d'usage que par projection sur les choses de désirs préalablement conditionnés par le code. En définitive, le code génétique social ne fait que prolonger le code génétique tout court, il en est l'achèvement. Quand Baudrillard écrit que « le système produit et reproduit les individus en tant qu'éléments du système », on ne peut pas ne pas songer aux pages de la *Logique du Vivant* où François Jacob expose que l'unique fonction du code génétique est de produire et reproduire indéfiniment les individus en tant que leur ensemble perpétue l'espèce. Nous sommes entrés dans une économie du signe, et ce n'est pas par hasard si l'inauguration de

---

8. *La Société de Consommation* (Gallimard, 1970), p. 136.

ce système coïncide avec les travaux nés de Saussure, eux-mêmes générateurs de la sémiologie et de la pensée structurale. Ce qui s'échange, ce sont désormais non les choses et les valeurs grâce aux signes qui les expriment — notamment monétaires — mais les signes entre eux, sans référence désormais au « réel » qu'ils signifiaient, constituant une combinatoire universelle qui fait de nos sociétés industrielles un langage, et de tous les enjeux des symboles, de sorte que la violence économique infligée par le capital à la force de travail dans l'inéquivalence entre celle-ci et le salaire n'apparaît plus qu'un simple moment de la seule véritable violence, l'essentielle, la violence symbolique, qui consiste à définir « l'équivalence, *comme signe*, du salaire à la mort »[9].

On rappellait tout à l'heure que l'esclave selon Hegel transforme sa mort en domination de la nature. Il faudrait préciser ici, s'inspirant de Derrida, que l'esclave transforme en domination de la nature sa mort perpétuellement différée, ou plus exactement jusqu'à ce qu'il ne puisse plus la différer. Autrefois mis à mort, le prisonnier de guerre, aujourd'hui de la guerre économique, maintenant est épargné et « conservé » (= *servus*) à titre de butin »[10], il devient esclave, en sorte que son travail « est de la mort différée ». Celui qui travaille demeure celui qu'on n'a pas mis à mort. Si comme l'a montré Mauss le pouvoir consiste à donner sans que soit permise la restitution possible par un contre-don, le pouvoir du maître aujourd'hui, octroi et entretien de la vie par le salaire, transforme celui-ci en rachat symbolique indéfiniment perpétué d'une vie désormais concédée. Source, essence même du pouvoir, le don ne peut être aboli par le donataire, ni celui-ci s'affranchir de son esclavage, que par un contre-don supérieur, de sorte que pour se libérer, les individus peuvent ou doivent aller « jusqu'à la destruction d'eux-mêmes »[11]. Perspective théorique, statistiquement négligeable : ils se détruisent non par un coup de pistolet mais à l'aide de quarante heures par semaine, quarante sept semaines par

9. *L'Échange Symbolique et la Mort* (Gallimard, 1976), p. 67.

10. *Ibid.*, p. 68.

11. *Ibid.*, p. 73.

an pendant trente huit ans. Ainsi réduit au salariat, l'usager moderne succède à l'esclave antique et au prolétaire selon Marx dans la fonction consistant à essayer vainement de racheter sa vie par sa soumission absolue au code d'une économie des signes. Ultime aboutissement : proliférant sans mesure, nos musées sont là pour témoigner que nous sommes des survivants, que notre culture « n'a plus de sens pour elle-même » et « ne peut que rêver d'en avoir un plus tard »[12], pour les générations futures.

L'importance de ces réflexions est connue, leur fonction heuristique incontestable, et peut-être vont-elles nous conduire vers la vision du monde que nous cherchions, celle de rapports tels que grâce à la mort règnerait une liberté qui fût maîtrise en même temps qu'esclavage de soi, sans dépendance d'autrui. Mais on ne peut accepter sans critique la thèse d'une économie de signes qui aurait remplacé purement et simplement l'économie industrielle, marchande, et celle-ci l'économie classique, au sens où l'on dit que les moteurs ont remplacé les chevaux. Curieusement, Baudrillard se meut dans une civilisation post-industrielle, sémiologique, autour de laquelle n'existerait aucun pays demeuré au XIXᵉ siècle, *a fortiori* aucun pays archaïque, où l'on en fût encore à la cueillette, au nomadisme, à l'agriculture extensive. Or ces modes de vie règnent encore aujourd'hui, comme il suffit de quitter l'Occident industrialisé pour s'en apercevoir. Là même où ils ont été « dépassés », en même temps ils ont été *conservés*, comme lorsqu'on parle d'*Aufhebung*, et par exemple il est très remarquable que l'économie d'« aubaines », de « royalties », lorsqu'elle consiste à ne pas convertir en investissements productifs les richesses venues du pétrole, offre une moderne résurrection de l'économie de cueillette. Aux valeurs d'usage n'ont donc succédé les valeurs d'échange et à celles-ci les « simulacres » que dialectiquement, comme le montre clairement le rôle de l'A.D.N. dans l'organisme selon Baudrillard lui-même[13]. Cela signifie principalement que l'économie des

---

12. *O.c.*, p. 73.

13. « Le simulacre du troisième ordre, le nôtre…, tel est le statut du signe qui est aussi la fin de la signification : l'A.D.N., ou la simulation opérationnelle » (*o.c.*, p. 90).

signes conserve toutes les précédentes, celles qu'avaient décrites les
Physiocrates, Ricardo, Marx, Schumpeter, que la valeur symbolique conserve la valeur d'échange, qui conserve la valeur d'usage,
à la façon dont une maison conserve ses fondations même si on
ne les voit plus.

De même le travail conçu comme mort indéfiniment différée
n'est-il pas tout le travail. Sans doute le travailleur est-il celui
qu'oblige à se racheter celui qui le fait vivre, don sans équivalent,
sans contre-don possible, et Baudrillard ne manque pas de rappeler que selon Hegel est esclave quiconque dont le maître diffère indéfiniment la mort. Mais Hegel avait montré aussi que l'esclave, contraint au travail, impose à la chose œuvrée une forme : le travail
est formateur de l'objet travaillé, certes, mais aussi et surtout du
sujet travaillant : en créant l'objet, l'esclave se crée lui-même ; la
valeur surgie de son travail, c'est lui-même, constatation dont
l'œuvre de Baudrillard ne montre pas trace.

Aussi convient-il de ramener au jour tout l'enseveli. Si le travail est mort différée, c'est d'abord parce que la nécessité première,
radicale, a été non de travailler pour transformer le monde et se
créer, mais tout simplement d'exister, pour ne pas mourir. Au commencement était la survie, et si tout est conservé dans ce qui le nie
et le dépasse, le travail apparaît mort différée en tant que continuation actuelle de cette survie toujours nécessaire, les valeurs
symboliques et les valeurs d'échange hébergent encore en leur plus
profond les valeurs d'usage, rien ne se perd que pour se retrouver
au-dessus. Le travail d'où ces valeurs surgissent n'est donc pas
réductible à l'impossibilité d'un contre-don, quelque chose comme
une transformation de la vie en le service d'une rente viagère. Plus
profondément la mort fait le sens et de la maîtrise, et de la servitude, et de la chose que le maître s'asservit, que l'esclave lui sert.
Mais de la mort à la vraie maîtrise et à la vraie servitude, celles
qui n'opposent plus le soi à l'autre, et surtout de la mort à l'effa-
cement de cette opposition entre maîtrise et servitude au profit de
la liberté, le chemin est plus compliqué que Baudrillard paraît
le croire, il passe par la valorisation, laquelle hiérarchise : valorisation de l'œuvre que produit le travail créateur, hiérarchie des créateurs selon la valeur de leurs œuvres. Une massue, un chariot, un

viaduc, une fugue de J.S. Bach, l'axiomatique, *La Recherche du Temps Perdu* n'ont ni la même valeur ni le même rapport à la mort, ces œuvres n'exercent pas la même maîtrise, pas sur les mêmes serviteurs. Pour y voir plus clair, demandons-nous d'abord ce qu'est une œuvre.

CHAPITRE II
DE L'ŒUVRE

Le pire des architectes l'emporte sur la meilleure abeille, et d'ailleurs il n'y a pas de meilleure abeille, car l'architecte fait exister ce qui n'existait pas tandis que toutes les abeilles reproduisent identiquement, à la manière des cellules et des organismes. Qu'est-ce donc que créer ? Dans une nature sans histoire, éternelle, où tout sans trêve reproduit tout, quel sens a l'apparition d'une espèce qui tranche sur toutes les autres en ce qu'elle renverse son rapport à la nature : au lieu qu'elle en procède, c'est la nature qui procède d'elle, ayant été par elle transformée à son usage en les matériaux de formes toujours plus complexes, dont elle s'érige « maître et possesseur » ?

Pour en décider, référons-nous à l'instance humaine par excellence, la mort. Coextensive à la vie par définition, elle est ce que la vie s'épuise à fuir, à combattre, au moins à différer le plus longtemps possible. Si nous ne tenons pas là encore le propre de l'homme ni *a fortiori* du créateur, du moins la mort fournit-elle entre l'homme et l'animal une première distinction, non seulement, on l'a dit, parce que seul l'homme meurt tandis que l'animal disparaît physiquement, mais surtout parce qu'exister en tant qu'homme est s'y prendre autrement que l'animal pour tenter de survivre. Ce dilemme entre exister et mourir, les hétérotrophes (c'est-à-dire les végétaux non verts)[1] et les animaux le tranchent en faisant mourir d'autres vivants pour s'en nourrir. Les hommes aussi, sans doute, en tant qu'ils sont incarnés, mais leur incarnation est celle d'une existence transcendantale, c'est-à-dire qu'inversant leur rapport au monde pour réduire celui-ci au simple environnement de leur projet créateur, ils transforment en eux l'instinct de conservation en la recherche de ce qu'a mission de conserver cet instinct : le soi. Se nourrir n'est qu'en apparence happer l'autre ; en réalité c'est se conserver au moyen de l'autre. La vie, au sens purement biologique du terme, consiste à conserver le soi qu'elle est sans le savoir, la conscience à saisir, appréhender ce soi qu'en vain elle vise à être en s'efforçant illusoirement de le réaliser. La faim, la sexualité, la mort, constituent les trois moments de ce procès, les deux premiers communs à l'homme et aux autres vivants, le troisième propre à l'homme.

Se nourrissant d'autres vivants, le vivant diffère sa mort mais échoue à la différer indéfiniment. Périssable individuellement, du moins vise-t-il ce succédané de l'immortalité qu'est la perpétuation : au lieu de manger l'autre pour s'en nourrir, il s'accouple avec l'autre pour en faire exister un troisième, lequel en fait autant pour engendrer un quatrième, et ainsi de proche en proche assurer la continuation de l'espèce. Mais les espèces sont faites d'individus voués à la liquidation physique, et finalement vouées elles-mêmes à cette liquidation. Surmonter cet obstacle est le privilège de l'homme. En celui-ci l'instinct de conservation ne vise plus seulement à conserver le soi individuel par la nourriture puis le soi collectif par la sexualité, puisque détruire l'autre ou le perpétuer n'était qu'échouer à conserver le soi, n'était qu'en différer l'anéantissement. Exister, pour l'homme, est chercher le soi et l'appréhender là où et tel qu'il est, c'est-à-dire hors de la nature, au-dessus d'elle, sous la forme d'un soi qui serait non « substance », par exemple « l'âme », mais champ transcendantal, projet sans fin, c'est-à-dire évanouissante présence à soi dans un présent vivant toujours fugitif, présence absente, toujours autre et au-delà, « différance ».

1. Les végétaux dotés de chlorophylle se nourrissent aux dépens de la matière minérale et de l'énergie solaire.

Tandis en effet que pour l'animal le soi est vécu, pour l'homme il projette une ambition jamais satisfaite. La nourriture et la sexualité atteignaient leurs objets au moins en ceci que ces objets faisaient partie de la nature. La mort et les efforts pour la vaincre, au sens où cette victoire a été définie plus haut, constituent pour l'homme les moments d'un projet qui vise, au-dessus de la nature, un soi dont on ne peut dire qu'il *est* à la façon dont la nature est, mais qui se donne à être, qui se présente comme une *Bildung*, une construction à tenter, une intentionnalité toujours en cours. Ce qu'il s'agit de chercher relève non plus de l'être mais du manque d'être, c'est un arrachement à l'être pour faire être ce qui n'est pas. Ainsi décrite par Hegel, Husserl, Derrida, la conscience apparaît à la fois évanescence et création. Évanescence parce que la présence à soi, définition sartrienne de la conscience, coïncide avec le présent, lequel est ce qui aussitôt s'anéantit, ce qui infecte immédiatement la présence de son évanouissance. On ne peut même pas soutenir avec Sartre que la conscience soit présence à soi puisque c'est précisément son impuissance éidétique à coïncider avec elle-même dans l'immédiate et silencieuse plénitude de soi qui fait de sa prétendue « présence à soi » en réalité un retour, une restitution ; et comment pourrait-il en être autrement puisque l'essence du vécu intentionnel est précisément de revenir à soi, d'être réflexion, rétention, « pli du retour », comme l'a montré Derrida ?

Mais cette évanescence par manque d'être est aussi, est aussitôt création, et par là elle transcende la nature, qui ne crée rien, elle offre enfin cette victoire sur la mort qu'on décrivait plus haut parce qu'elle est projet d'universel. Enfermé dans le singulier, qui est ainsi le contingent, l'animal n'est entouré que de son environnement naturel, nid, terrier, aire de proie, itinéraire de migration. Quête d'universel nécessaire, d'absolu, l'homme sécrète autour de lui le monde en donnant sens à l'être, c'est-à-dire en le constituant comme une infinité d'étants, plus encore, comme ce à partir de quoi cette infinité d'étants sont possibles, à partir de quoi toujours de nouveaux étants apparaissent possibles et se proposent comme à réaliser. Ainsi sur les trois moments qu'on vient d'inventorier, la faim, la sexualité, la mort, les deux premiers relèvent de la nature, qui les emprisonne, le troisième s'en évade, ou plutôt c'est l'œuvre, conçue comme possible puis réalisée, qui fait s'évader de la mort son créateur en tant qu'existence transcendantale, liberté. Mais liberté incarnée, encore engluée dans la nature qu'elle a mission de transcender, comment ses premiers actes ne demeureraient-ils pas enlisés dans ce dont elle a tâche de s'arracher ? Telle est l'histoire, la culture, succession de comportements qui tous visent de moins en moins médiatement à transcender la mort par la création, par l'œuvre créée.

Le premier, on l'a dit, est de survivre. Le dilemme en lequel consiste l'origine radicale est simple, c'est l'être ou le néant. Plus tard seulement, quand l'existence aura été consolidée, quand survivre ne contraindra plus à braver des dangers mortels, il faudra tâcher de vivre mieux, ou plus exactement refuser de vivre aussi mal ; plutôt que subir le joug des innombrables nécessités il faudra tenter de le secouer, peut-être le briser. Pour le moment il ne s'agit que d'être et de persévérer dans son être. Quel type d'existence sociale traduit le mieux ce dilemme, être ou s'anéantir, et quelle philosophie en a rendu le meilleur compte ? Il semble que ce soient respectivement la féodalité et le hégelianisme. Mais ce premier enjeu, l'être, une fois consolidé, s'en tenir là constituerait pour la liberté incarnée une abdication, une déchéance au rang le plus bas, puisque la moindre chose est. En quoi donc l'histoire, la culture, la civilisation, ou quelqu'autre nom qu'on lui donne, surpasse-t-elle la nature ? S'il est vrai, beaucoup l'on dit, que la culture transcende la nature en la conservant au moins autant qu'en la niant, les trois moments en lesquels on vient de voir que se développe la nature, le troisième la dépassant dans la culture qu'il inaugure, doivent se retrouver dans la culture selon la même loi, à son tour la culture doit se développer selon trois moments, ou pour user du terme qu'on vient d'adopter, elle doit poursuivre successivement trois enjeux dont le troisième doit dépasser — *sursumer*, disent de récents traducteurs[2] de l'*Aufhebung* — la culture elle-même en arrachant à la mort l'essentiel de sa proie. Le premier de ces enjeux, *l'être*, une fois arraché au néant, n'est encore rien s'il n'impose de dominer l'être, le posséder, bref s'il ne consiste en *l'avoir*. Mais

---

2. P.J. LABARRIÈRE et G. JARCZYK, traducteurs de la *Wissenschaft des Logik* chez *Aubier en 1972*.

on ne s'épuise à tenter de posséder que pour faire quelque chose de ce qu'on possède : à l'avoir succède *le faire*, mission impossible sans le *savoir-faire*, il n'y a pas de technique sans la science, pas de transformation du monde sans le savoir, l'entendement, l'esprit, en un mot la maîtrise du sens. A *l'Épée*, instrument de la lutte à mort pour survivre, succède donc *l'Or*, instrument de l'avoir, puis *l'Esprit*, instrument du sens, et de même que la nature s'offrait d'abord comme faim, puis sexualité, enfin mort transcendée dans la conscience c'est-à-dire la culture, celle-ci à son tour se développe en trois moments, dont le dernier constitue cette approximation désespérée de l'absolu qu'on nomme un ouvrage de l'esprit. Mais il va de soi que comme le germe habite encore l'adulte, les corps simples les molécules les plus composées, la gamme toutes les symphonies, la nature subsiste en l'esprit (« la nature est un esprit caché, un esprit en soi, non pour soi »), de même l'épée permet le livre, aucun peuple n'a cultivé les arts sans s'être d'abord taillé une place par la guerre, il n'y a de sens qu'arraché au non-sens, bref il n'y a de liberté à l'œuvre dans la création que si d'abord a été arrachée à la mort puis dépassée dans le soi créateur la contradiction d'où surgissent le maître et l'esclave, et qui les oppose aussi longtemps que chacun demeure hors de l'autre.

Ayant développé ailleurs[3] ces thèmes, l'Épée, l'Or et l'Esprit, je m'en tiendrai ici à de brèves indications.

Primum vivere : maxime d'esclave. S'érige maître celui qui affronte la mort jusqu'au bout. Se consent esclave celui qui ne l'affronte pas jusqu'au bout, qui au dernier instant se cramponne à la vie que lui accorde son vainqueur, lequel désormais la possède, le possède. Aucun texte ne concrétise mieux cette célèbre dialectique hégelienne que le propos de Siegfried à Gunther pour fonder son droit (« je voudrais faire en sorte que je possède avec droit ces gens et ce royaume. Pour le mériter, j'exposerai mon honneur et ma vie »[4]) ou l'apostrophe de Tristan à Isolde, qui vient de lui

3. Dans un article intitulé *L'Épée, l'Or et l'Esprit* (Revue de Métaphysique et de Morale, n° 3, 1959) repris et développé dans *Voyage au Centre du Monde* (Anthropos éd., 1975, Chapitre intitulé *Quatre Enjeux Successifs*).

4. *La détresse de Niebelungen*, Chap. III : *Comment Siegfried vint à Worms*.

sauver la vie (« Tu as non seulement le pouvoir mais le droit de me tuer, tu as droit sur ma vie puisque tu me l'as conservée et rendue », « tu m'as sauvé de la mort, tu peux me reprendre cette vie que tu m'as conservée »[5]. Aucune société n'a mieux incarné cette relation de maître à serviteur que la féodalité. Née d'un effondrement de l'État, elle a surgi pour faire face à la mort partout renaissante : vagues de famine, pillards en bandes, envahisseurs, troupes irrégulières. Pour s'en préserver les mêmes individus, à la fois ou alternativement paysans et guerriers, ont dû se grouper pour rassembler leurs vivres, organiser solidement leur défense autour d'un centre capable d'abriter tout le monde et de soutenir des sorties. Le type le plus pur de système féodal est apparu en Europe, quand à partir du IXe siècle se sont décomposées les monarchies barbares qui avaient immédiatement succédé à l'Empire Romain, mais récemment on en a vu réapparaître certaines formes en Indochine, en Algérie, en Israël, où chaque paysan maniait chaque jour tantôt l'instrument aratoire tantôt le fusil.

Sous ce régime, qu'en quelque sorte la mort organise, les contractants engagent leur vie : les uns l'exposeront pour défendre la collectivité, les autres la consacreront entière à nourrir tout le monde, devenant un outil vivant fixé au sol par la mainmorte. De la vie exploitée des paysans répond la vie exposée des seigneurs. Au suzerain de s'arracher à l'instinct de conservation pour dominer, au serf de n'affronter que la nature, c'est-à-dire féconder la terre et braver les intempéries. Droit de conquête et devoir de protection impliquent le privilège des armes et la possession de la terre. Alors règne l'Épée, relation contractuelle de suzerain à vassal et de seigneur à vilain, qu'en langage heideggerien on nommerait *Domination* de *l'être-pour-la-mort* et *Servitude* de *l'être-pour-la-vie*. Cette relation se laisse aussi bien analyser comme don auquel répond l'impossibilité d'un contre-don équivalent. Envers celui qui a donné une fois pour toutes le bien absolu incluant tous les autres, sa propre vie, les bénéficiaires ne s'acquitteront jamais : obéissance, marques extérieures de respect, redevances, en permanence ils resteront à jamais lui devoir tout. Jusqu'à sa mort le serf est débiteur

---

5. *Tristan et Isolde*, Chapitre VII : *La brèche de l'Épée*.

insolvable, il ne travaillera jamais assez pour s'acquitter. On s'étonne que pas une trace de ce système, si propre à justifier les thèses de Baudrillard, n'apparaisse dans ses livres. Mais le dilemme entre la vie et la mort, origine absolue de la féodalité, cesse de s'imposer dès qu'à la nécessité de vivre, grâce aux progrès techniques, succède la volonté de vivre moins mal. Que la mort s'éloigne, aussitôt l'être-pour-la-mort cesse de soutenir la domination qu'il fondait. Avec l'exposition de leur vie au danger mortel, les seigneurs perdent l'héroïsme du service, l'honneur se dégrade en amour-propre, le héros en baron, le service en conseil, celui-ci en flatterie, l'aristocrate en courtisan, les courtisans en ces « valets par l'assiduité et la bassesse » qu'a décrits Saint-Simon, les maîtres se sont faits esclaves cependant que les esclaves s'érigeraient maîtres, le serf s'approprie la terre, et la ville qu'il « affranchit », il se promeut bourgeois. Tandis que le seigneur conservait et dominait la vie collective en sacrifiant la sienne, le paysan pour s'approprier, conserver, dominer la terre, sacrifie le présent à l'avenir : labourer pour semer, semer pour récolter, récolter pour nourrir, sacrifier une partie de la récolte pour assurer les semailles futures, renoncer en partie à la protection seigneuriale pour se défendre lui-même derrière les murs qu'il a lui-même construits autour de villes qui remplacent les châteaux ; le paysan, le bourgeois ne visent plus à être, à repousser la mort, ils visent à avoir, à repousser la dépossession. Affranchissement des communes, enrichissement, exode rural vers d'énormes cités, capitalisme industriel puis bancaire, c'est l'âge de l'Or. Aux anciens maîtres que distinguait le port d'armes succèdent les maîtres du compte en banque, on veut désormais non ce qu'on risque, c'est-à-dire ce qu'on est, mais ce qu'on a. Tandis que l'Épée se présentait comme immédiateté, violence sans délai, l'Or, justement, ne se présente pas, il se dérobe, s'enfuit, renvoie à ce qu'il procure, il n'est que la fameuse « présence de choses absentes » que sa magie a précisément pour but de faire être-là. Il est à ce point médiation qu'il en vient à ne plus guère exercer sa fonction d'échangeur qu'en médiatisant au second degré, au troisième et presqu'indéfiniment sa propre médiation sous les formes du cours forcé, du billet de banque, de la traite, de l'escompte, des valeurs, toutes espèces qui renvoient à l'or comme celui-ci renvoyait aux biens et aux services, en se faisant signes d'autres signes. Le capital surgit du travail accumulé, lequel à son tour surgit du capital par l'embauche que crée l'investissement. Le maître est non plus celui qui est mais celui qui a, le serviteur non plus celui qui n'existe qu'à l'état d'objet mais celui qui n'a pas. Le premier, élevé à la Domination de l'*être-pour-posséder*, risque non plus la mort mais cette dépossession qui le prolétariserait, le réduirait à la Servitude de l'*être-pour-travailler*, cependant que le second, à qui incombe cette servitude, ne peut la surmonter que s'il en prend conscience, pour la briser par la révolution ou les réformes.

Entre eux le rapport se laisse à ce point analyser en termes d'avoir que face aux maîtres, désignés par le langage familier comme *possédants*, ce même langage désigne les serviteurs dupés, mystifiés, comme *possédés*. L'Or rase les montagnes et comble les vallées, « enchaîne les hommes, il habille, il déshabille les femmes avec une promptitude qui tient du miracle »[6], avec lui « on est jeune, beau, adoré, on a considération, honneur, qualités, vertus »[7]. L'Or est le *logos* universel : « comme toutes choses s'échangent pour du feu et du feu pour toutes choses », remarquait déjà Héraclite, « de même les marchandises pour l'or et l'or pour les marchandises »[8], et aussi pour ces « marchandises merveilleuses » que sont devenus le crédit, l'influence, les honneurs et jusqu'au pouvoir. Posséder quelque chose, « c'est vouloir posséder le monde à travers un objet particulier »[9], c'est encore vouloir être, mais par l'appropriation magique du monde, qui exauce le désir aussi vite que dans les contes de fées. Accomplissant un nouveau mystère de l'incarnation, littéralement l'or se fait homme et se fait dieu pour l'homme.

Bref l'opposition entre maîtrise et servitude institue entre elles une médiation qui a sur l'immédiateté disparue cet avantage qu'étant signe, puis signe de signe, puis signe du signe de ce signe

---

6. P. VALÉRY, *L'Âme et la Danse* (Gallimard, 56e éd.), p. 216-217.

7. CHATEAUBRIAND, *Mémoires d'Outre-Tombe*, IVe Partie, Livre I, 8.

8. HÉRACLITE-DIELS, *frag.* 90.

9. J.P. SARTRE, *L'Etre et le Néant* (Gallimard, 14e éd.) p. 687.

et ainsi indéfiniment, l'instrument monétaire d'échange *renvoie*. En soi il n'est plus rien ; au désert dix lingots d'or ne valent pas un verre d'eau ; les grandes crises économiques, déserts de la finance, révèlent cette inexistence : en Allemagne vers 1923, aux U.S.A. vers 1930, aujourd'hui encore entre pays industriels et pays pauvres très endettés, on a vu, on voit réapparaître la forme d'échange antérieure à la monnaie : le troc. L'ensemble des valeurs et des concepts édifié par le capitalisme s'est lézardé au point qu'apparaît par ses fissures un nouveau système. Au lieu d'un prolétariat de plus en plus vaste face à une classe d'exploiteurs bientôt réduite à rien, et entre ces deux classes point de tiers, on a vu naître et croître vers les hauteurs du pouvoir une nouvelle classe sociale que Marx et Engels n'avaient pas prévue, cette nouvelle classe moyenne qui ronge et digère au-dessous d'elle le prolétariat du XIXe siècle et d'aujourd'hui, au-dessus la partie parasitaire de la bourgeoisie, les rentiers. Elle regroupe le totalité du tertiaire et les « cols blancs » du secondaire. Elle repose non plus sur l'avoir mais sur le savoir : depuis l'instituteur jusqu'à l'inspecteur des finances ou le conseiller d'État, pantouflés ou non, se superposent les innombrables strates de cette classe qui n'est ni exploiteuse puisqu'elle ne possède pas les instruments collectifs de production, ni prolétarienne puisqu'elle dispose d'infiniment plus que de sa force musculaire de travail ; en son sein la lutte des classes a perdu la belle simplicité qu'avait décrite Marx : ce sont les cadres, publics ou privés. Ni possédants ni possédés, ils font ou font faire. A l'être et à l'avoir, ou plus concrètement, à l'existence et à la possession, a succédé une valeur supérieure, la compétence, le savoir-faire, c'est-à-dire le savoir, matrice de la création puisque le neuf ne peut naître que de l'ancien, donc la découverte de l'inconnu que de la possession du connu, et plus généralement ce qui n'est pas encore que de ce qui est. Du maître-pour-posséder à son avoir s'instituait un rapport de jouissance : « La propriété est le droit de jouir et de disposer des choses », dit crûment le *Code Civil*, article 544. De celui qui sait à ce que son savoir lui permet de découvrir, de façonner, de faire exister, s'institue un rapport de producteur à sa production, ébauche du rapport entre le créateur et sa création. En haut, les élaborateurs se sont arrachés à la Servitude de l'*être-pour-*

travailler afin de revêtir la Domination de l'*être-pour-produire* en attendant que ce fût celle de l'*être-pour-créer*, rejetant ainsi vers le néant l'ancienne Domination de l'*être-pour-posséder*. En bas, les anciens possédants se retrouvent soumis à la servitude de cet *être-pour-consommer-et-imiter* qu'a décrite Baudrillard. Se laissant produire, façonner comme exécutants du code, enzymes, ils s'en remettent aux créateurs du soin de les *conserver*, ce sont ou ce seront bientôt les nouveaux serfs, conditionnés jusqu'à l'os par le métro-boulot-dodo, les *media*, le tiercé, les matchs télévisés, Guy Lux et Michel Drucker. On en est là, et déjà les pays les plus industrialisés méditent leur évasion de ce système, ou plutôt ils en esquissent ce total accomplissement qui renouvelle ce qu'il accomplit au point d'en faire un nouveau système, dont les prémices sont déjà visibles.

Ces simplifications n'avaient qu'un but : rappeler à grands traits les formes principales de domination et de servitude qui se sont succédé jusqu'au point où domination et servitude vont peut-être cesser d'opposer dominateurs et serviteurs grâce à la création. Avant d'en décider, rappelons ce qui va de soi : la création est l'homme même, donc aussi ancienne que l'apparition d'*Homo Sapiens Sapiens* ; à la différence des ères géologiques, superposées dans le temps et dans le sol, donc extérieures les unes aux autres, l'Esprit a toujours été présent à l'Épée et à l'Or comme selon Hegel il est présent à tous les moments de la dialectique qui progresse vers son accomplissement. L'histoire, la culture, la civilisation habitaient déjà tout entières la maîtrise du fer, du bronze, de la pierre taillée puis polie, comme l'homme est déjà tout entier dans l'ovule fécondé. Tout entière l'évolution, puis tout entière l'histoire, offrent un seul projet en cours, et telle la vie d'un individu ne laisse apparaître distinctes son enfance, sa jeunesse, sa maturité, son vieillissement que comme les étapes d'un seul vouloir-vivre tendu vers la réalisation de soi, ainsi toutes ces phases sont en quelque sorte présentes à chacune d'elles parce que c'est la définition de l'homme de les traverser pour tenter vainement d'être présent à soi, de se réaliser, de réaliser un soi toujours irréalisable qui aurait à la fois la consistance ontique d'une chose et la transparence d'une conscience. Je ne rappelle ces évidences que pour écarter toute tentation de naturalisme, cette philosophie de l'« attitude naturelle ».

Reste à décrire plus rigoureusement la création, l'œuvre créée, pour la définir par différence avec les valeurs précédentes.

La création étant l'homme même, observons d'abord qu'elle n'a pas à proprement parler *succédé* à ces valeurs, elle n'a fait qu'émerger vers le grand jour quant à la féodalité puis à la révolution industrielle a succédé la compétence, qui n'est pas encore création mais s'en trouve grosse. Tant qu'il y avait urgence, danger de mort, tant que l'industrie et l'enseignement obligatoire n'avaient pas distribué à presque tous les moyens de distribuer à tous l'œuvre créée, aussi longtemps qu'il avait d'abord fallu vivre, se nourrir, s'abriter, n'employer à maîtriser la nature que des outils artisanaux, accumuler ce qu'exigeait de richesses pour naître et se répandre la grande industrie, les créateurs ont constitué une aristocratie infime, d'abord « quelques hommes isolés en Grèce..., point de départ d'une communauté d'un nouveau genre qui dépasse les nations, [en l'occurrence] l'Europe », « c'est-à-dire un esprit de libre critique qui mesure toutes choses à des tâches infinies, règne sur l'humanité et crée de nouveaux infinis »[10]. Husserl songe ici aux premiers philosophes, mais *ipso facto* il décrit aussi les premiers mathématiciens, législateurs, historiens, noyés dans la masse sans limites d'une humanité inculte : « Prométhée apporte le Logos divin à quelques hommes isolés qui portent plus loin la tâche de l'esprit, qui doit un jour illuminer et transformer tout l'univers humain »[11]• « En quelques personnalités isolées... naît une nouvelle humanité »[12] à venir, que « dès le début on commence à persécuter, à mépriser »[13]. Entre cette humble naissance de l'Esprit et l'actuelle expansion planétaire de ceux qui savent et donc peuvent, décident, prescrivent, il a bien fallu d'abord que l'Épée, puis l'Or frayent dans le sang et la misère l'immense chemin de l'histoire.

Puis regardons-y mieux. Pouvoir, savoir, décision, s'ils constituent les approches ou les effets de la création, ne suffisent pas

---

10. *La Crise de l'humanité européenne et la philosophie*, trad. P. Ricœur, édition bilingue, Aubier éd., 1977, p. 61.

11. *Ibid.*, p. 47.

12. *Ibid.*, p. 51.

13. *Ibid.*, p. 57.

encore à créer. La compétence est un savoir acquis et transmissible, la création un pouvoir inné de faire être ce qui n'est pas ; plutôt qu'il ne le transmet, un maître l'inspire. Sans doute ces deux définitions ne constituent-elles que les pôles d'une dialectique, les deux termes d'une gamme présentant autant de nuances qu'il y a de gris entre le noir et le blanc, sans frontière traçable entre ceux-ci. Concrètement il n'y a que ce que Platon dans le *Philèbe* nommait des « mixtes », tantôt la création, tantôt la compétence l'emportant de peu ou de beaucoup, la très grande compétence réussissant parfois à créer du neuf vite vieilli, la création sans génie se laissant réduire à une compétence exceptionnellement féconde. Mais si l'on s'en tenait là, rien encore n'effacerait la contradiction entre Domination et Servitude, et tout au plus se contenterait-on de cette gradation insensible qui va du plus au moins, depuis le petit cadre jusqu'au grand créateur, sans traverser aucune frontière.

Il y a donc autre chose, une différence radicale, de part et d'autre de laquelle, d'ailleurs, compétence et génie[14] se distribuent chacun selon sa hiérarchie propre, la hiérarchie de chacun se reflétant symétriquement dans celle de l'autre. Pour y voir clair, il suffit d'ouvrir les yeux sur le chômage des cadres. Aujourd'hui le savoir-faire d'un ingénieur vers 1930 serait à peine bon pour désigner un contre-maître ; un médecin sans souci de recyclage tomberait de l'hôpital au dispensaire, puis à l'infirmerie. Les durs efforts qu'impose la compétence à ceux qui la convoitent, les plus durs encore qu'exige de ceux qui l'ont le souci d'en conserver la valeur sur le marché du travail, traduisent une distance croissante entre la sous-qualification des demandeurs d'emploi et la sur-qualification toujours plus haute des emplois offerts, ce qui vient de faire surgir un type de chômage très différent de ceux qu'on avait connus en 1930, et a *fortiori* au XIXᵉ siècle : il n'est pas réductible, et il frappe toujours plus de jeunes que d'hommes faits. Le développement soudain gigantesque d'une économie de services fait émerger une nouvelle classe de décideurs qui ne sont plus seulement des spécialis-

---

14. J'emploie ce terme non au sens qui a prévalu depuis les romantiques (par exemple Dumas : *Kean, ou Désordre et Génie*), mais selon son acception étymologique, procédant du radical γέν, *ce qui engendre, ce qui fait naître*, d'où ont suivi *genus, generatio, ingenium*, genèse, gendre, génital. généalogie etc.

tes, des techniciens, ils s'en distinguent parce qu'ils travaillent sans cesse à renouveler leur savoir-faire par l'innovation perpétuelle d'un savoir théorique, désormais source principale de renouvellement politique, « technologie intellectuelle »[15], savoir de pointe qui bientôt sera la seule autorité de pointe, d'où le soudain gigantisme de l'activité universitaire à la fois dans l'espace et le temps, par la multiplication à la fois des universités, des étudiants et des recyclages en lesquels bientôt chacun devra s'engager tout au long de sa carrière. « Désormais le pouvoir repose moins sur la fortune que sur le savoir théorétique, moteur de l'innovation »[16].

C'est ce qu'annonçait déjà Burnham : de l'assemblée des actionnaires ou du conseil d'administration s'il s'agit d'entreprises capitalistes ; des parlementaires ou des ministres s'il s'agit de l'autorité d'État, le pouvoir insensiblement passe à ceux qui savent, c'est-à-dire dans un premier temps aux cadres supérieurs chargés d'éclairer la décision et d'en prévoir les conséquences, dans un deuxième temps aux théoriciens venus de l'université les remplacer de plus en plus longuement, et ce n'est pas parce qu'on passe de l'Ouest à l'Est qu'il en est autrement : là aussi s'esquisse un glissement du pouvoir, des *apparatchiki* aux gestionnaires éclairés par les théoriciens, comme en font foi les efforts de Gorbatchev pour remplacer le militantisme ignorantin par le savoir-faire et la rentabilité.

Là éclate l'opposition entre les deux formes du travail, que manifestent clairement l'étymologie du mot *travail* et celle du mot *labeur*. En bas grouillent les travailleurs, astreints dans le secteur primaire, presque tout le secondaire et la grande partie du tertiaire aujourd'hui automatisée, à la corvée répétitive. Le terme désignant leur tâche provient du latin *trabs* (poutre) ou du latin *tripallium* (instrument de torture, puis appareil à immobiliser les bœufs pour les ferrer), du provençal *travar* (entrave, joug), qui désignent l'action de travailler une matière passive, de la soumettre et tourmenter à loisir, par exemple « travailler » un cheval sauvage pour

15. Daniel BELL, *The measurement of knowledge and technology*, in *Indication of social chance*, 1968, p. 152-153.

16. R.G. SCHWARTZENBERG, *Sociologie Politique* (Montchrestien éd., 1971, p. 250).

l'asservir. Il s'agit là de l'objet travaillé, non du sujet travaillant, à qui est réservé le pôle noble de l'opposition entre travaillant et travaillé, comme l'illustre le radical τρι-, dans τριβή, διατρίβω (frotter, heurter, étriller), dans *triturare*, détritus, tribulation, diatribe etc. En haut méditent et accomplissent les élaborateurs. Le latin *labor*, qui a désigné d'abord la fatigue (*labi* : tomber ; *lapsus*, *collapsus*, chute, effondrement), très vite en est venu à exprimer l'action créatrice dont cette fatigue n'est que l'effet, c'est-à-dire l'*élaboration*, d'où les concepts prestigieux *élaborer*, *laboratoire* etc. Tandis que la corvée répétitive est cette mort lente que décrivait Baudrillard, l'élaboration arrache à la mort ce qui résistera au temps, visant l'éternité. On voit ici réapparaître la relation fondamentale de l'œuvre à la mort. On y voit aussi resurgir le rapport entre Domination et Servitude : d'une part les exécutants, soumis à la corvée répétitive, servent les élaborateurs, qui décident. D'autre part le produit du travail conçu comme *trabs*, à travers les « grandes surfaces », va aux petits acheteurs, tandis que celui du *labor* va aux dirigeants des multinationales et des grands services publics. Les progrès techniques créent sous nos yeux un proche avenir : plus d'usines, donc plus de syndicats, chacun travaillera chez soi aux heures qui lui plairont, confortablement assis devant des boutons et un écran, relié à tous les autres par un réseau télématique, disposant de loisirs croissants pour le sport, la culture et le divertissement. Mais entre les produits de ce nouveau travail subsistera longtemps l'actuelle hiérarchie opposant le sériel au prototype, le répétitif au modèle, les petites compétences aux grandes. La compétence peut bien s'élever par degrés jusqu'aux abords de la création ; elle ne les franchit pas.

L'infranchissable différence n'est pas seulement, comme on vient de le rappeler, celle qui oppose un savoir-faire reçu et transmis à l'art de tirer l'être du néant. Elle oppose plus encore : le fini à l'infini, l'héritage à la grâce de type augustinien. Entre les deux premiers enjeux que successivement on s'est arrachés ou partagés, l'être, l'avoir, et le troisième, un savoir-faire qui s'élève au savoir pur, lequel seul permet la création, il y a cette différence que les deux premiers étaient à la fois limités et dérobables tandis que le dernier, surtout à mesure qu'on s'élève du savoir-faire au savoir

puis à la création, est infini et indérobable, chacun peut, s'il le veut
de toutes ses forces, en acquérir autant qu'il le souhaite sans diminuer la part de personne, et nul ne peut même songer à voler celle-
ci à son possesseur. Comme les pains et les poissons de l'Évangile,
on peut en distribuer indéfiniment sans jamais en diminuer la masse.
C'est déjà vrai du savoir pur et de sa création continuée, *a fortiori*
l'est-ce des arts et des lettres. Comme les surrégénérateurs produi-
sent plus d'énergie qu'ils n'en consomment, plus s'accroît le nombre de ceux qui savent et qui créent, plus s'élève la masse de savoirs
et d'œuvres qu'ils font surgir et distribuent. Comme la lumière
solaire se répand inépuisablement sur les plantes vertes dont elle
multiplie d'autant le nombre et la capacité chlorophylienne, cette
lumière spirituelle se répand immensément sur les esprits, dont elle
multiplie d'autant la fécondité.

La rançon de cette merveille est que plus s'accroît la masse
des connaissances et des chefs-d'œuvre, plus s'avère rude l'ascension pour la gravir et prétendre toucher ses cimes, moins longtemps
est tenable la position de qui y a touché, plus proche le moment
où il lâchera prise et glissera, même s'il se raccroche encore très
haut. Ce n'est pas là décrire une sorte d'utopie. Dès maintenant,
sous le règne vieilli de l'avoir et celui encore solide du savoir-faire,
la domination des marchés mondiaux ou nationaux appartient à
qui s'est assuré la possession des acquis scientifiques les plus
récents, dont la désignation par des termes naïfs tels que « révolu-
tionnaires » ou « sophistiqués » traduit la comique ignorance des
gens d'affaires en matière de recherche pure ou, comme on dit,
« fondamentale ». Dès à présent l'enjeu des luttes qui opposent
les multinationales apparaît de plus en plus théorétique, spécula-
tif. A elle seule l'existence d'une société telle que la S.E.M.A., tout
occupée à forger les modèles mathématiques des phénomènes physiques ou chimiques qui conditionnent la production, en témoigne
avec éclat.

Ainsi l'ordre suprême des créateurs, comme celui des compétences, comme encore aujourd'hui celui des riches et comme autrefois celui des seigneurs, se distribue-t-il hiérarchiquement. Du moins
la hiérarchie des créateurs et celle des classes ou des collectivités
qui consomment leurs créations, ne divise-t-elle plus en maîtres et

serviteurs, parce que le créateur est enfin ce qu'avaient rêvé les stoïciens imaginant leur sage et les marxistes le travailleur dans la cité communiste : maître et serviteur de lui-même, de son œuvre en cours de création. Du coup la relation avec autrui change-t-elle radicalement de sens. Il ne s'agit plus de dominer ni de servir autrui, mais d'appeler tous ceux qui le peuvent et le veulent à s'assembler en une sorte d'église universelle distribuée en ordres, réguliers ou séculiers : mathématiciens, poètes, chimistes, juristes, musiciens, astronomes, philosophes, sculpteurs, physiciens, sociologues, peintres, linguistes, romanciers, physiologistes, historiens, anthropologues, tous frères comme avant eux les bénédictins et les dominicains, mais dans la collaboration sans frontières des arts, des lettres et des sciences, tous maîtres après Dieu de l'idée directrice, de la composition, du fini de leur œuvre, tous serviteurs de ce qu'ils se consacrent tout entiers à faire surgir du néant, à sauver de la mort. Cette servitude-là, trois exemples éclatants l'illustrent. Agonisant, Balzac supplie qu'on appelle à son chevet le Docteur Bianchon. Venant de « tuer » Porthos, Alexandre Dumas éclate en sanglots, bégayant « il le fallait ! ». Domicilié à Étretat, proche de *l'Aiguille Creuse*, le vieux Maurice Leblanc demande au commissariat de police et obtient un factionnaire devant sa porte, crainte qu'Arsène Lupin le cambriole.

Entre le créateur et son œuvre, la rapport apparaît donc celui qu'ont décrit Kant et Husserl, le premier lorsqu'après avoir souligné l'analogie entre les œuvres de l'art et les êtres organisés il a prononcé que toutes les parties de ceux-ci « sont réciproquement moyens et fins », le second lorsqu'il a enseigné que « l'esprit, cessant de se tourner naïvement vers le dehors, revient à soi et demeure chez soi, et purement chez soi. [Alors]... il peut se suffire à soi »[17]. Désormais ce n'est plus simplement l'opposition entre maîtres et serviteurs qui disparaît, c'est jusqu'à la différence entre le créateur et son œuvre. Flaubert « était » Madame Bovary. L'homme est ce qu'il a fait, par là « il est ce qu'il s'est fait lui-même »[18], l'être du créateur s'est réalisé dans celui du créé. Proust à la fin de sa

17. *La Crise...* trad. cit., p. 95.

18. HEGEL, *La Raison dans l'Histoire*, trad. K. Papaïoannou, 10/18, p. 139.

vie n'était plus rien d'autre que *Le Temps Retrouvé*, toute biographie s'avère dérisoire [19] si on ne la réduit pas à une bibliographie, ou plus généralement à une inventaire de travaux : « Si nous voulons connaître ce que les Grecs ont été, nous le trouverons chez Sophocle et Aristophane, Thucydide et Platon »[20], il n'y a plus d'autres serviteurs que ceux qui servent les chefs d'œuvres en ce sens qu'ils les célèbrent et s'en nourrissent, comme du Pain sacré.

Thalès démontre encore tous les théorèmes, Socrate fonde encore tous les systèmes philosophiques, Aristarque de Samos fait encore tourner la Terre sur elle-même et autour du Soleil, Gutenberg imprime encore tous les livres, Pasteur immunise encore tous les vaccinés. La seule hiérarchie qui subsiste est double, elle sépare les créateurs entre eux selon les durées qu'accordera la postérité à leurs œuvres et le nombre de ceux que nourriront celles-ci ; elle sépare les admirateurs et usagers en deux classes, ceux qui obéissent au créateur en admirant — ou, par exemple s'ils sont musiciens, en exécutant — son œuvre, ils s'en constituent les célébrants, et ceux chez qui à leur tour cette œuvre, et plus souvent les œuvres de plusieurs créateurs, déclenchent l'explosion créatrice. Platon rencontre Socrate et aussitôt détruit tous ses écrits antérieurs pour le suivre. Malebranche l'année où il est fait prêtre découvre le *Traité de l'Homme* de Descartes et manque de s'évanouir. J.S. Bach parcourt — à pied ? — les deux cents cinquante milles qui séparent Arnstadt de Lübeck pour écouter Buxtehude dans la stupeur ; désormais il composera autrement. Au *Stift* de Tübingen l'étudiant Hegel lisant de nuit *le Sophiste* de Platon hurle de joie, réveille ses condisciples. Valéry écoutant Mallarmé rue de Rome traverse sa « nuit de Gênes » et s'en trouve révélé à lui-même.

---

19. Le succès actuel des biographies, qui dispensent de lire les œuvres, amène Gérard Condé, critique musical du *Monde*, à juger « singulière » au temps de Mozart « comme au nôtre, l'idée que l'étude de l'œuvre renseigne davantage sur l'essence du génie qu'une biographie exhaustive » (*L'enfant Mozart dans sa correspondance*, *Le Monde* du 3 juin 1986, p. 18, Col. 3). D'abord il n'y a pas de « biographie exhaustive », toute vie est un infini ; puis ce qui serait singulier, c'est qu'une biographie éclairât plus sur l'auteur que son œuvre, puisque c'est dans son œuvre que l'auteur s'accomplit.

20. HEGEL, *ibid.*, p. 208.

Un paradoxe apparent qui n'est en vérité qu'une dialectique reproduit ici le processus biologique : comme le vivant différait sa mort
en se nourrissant d'autres vivants, le futur créateur absorbe des
œuvres immortelles pour en créer une autre et par là soustraire à
la mort ce qu'il s'apprête à tirer du néant. Créer, œuvrer, nier le
néant, défier la mort, c'est beaucoup plus qu'écrire « ton nom,
Liberté », c'est faire advenir ton règne.

Ce règne, Husserl l'a souligné, est cet « héroïsme de la raison » que sont historiquement l'« humanité européenne » et
l'ensemble des pays très européanisés, U.S.A., Canada etc. Mais
le reste de la planète, et principalement le Tiers-Monde ?

A cette question répond encore l'infinité par laquelle le règne
de la liberté tranche sur la finitude des régimes antérieurs. Il n'y
a pas d'homme, quelle que soit sa situation géographique, ethni-
que, économique, en qui ne s'offre inépuisablement l'aptitude à
créer, la seule richesse qu'on puisse partager indéfiniment sans la
diminuer, la seule qu'on ne puisse dérober, bref la chose du monde
la mieux partagée. Chacun peut donc, quel et où qu'il soit, s'il le
veut et s'il est décidé à en user jusqu'à ce danger de mort qui seul
confère la véritable maîtrise, disposer de cette matière première,
la matière grise, qui seule ait permis de découvrir et d'exploiter toutes les autres, la seule dont l'emploi conduise à se hisser là où nul
n'est plus maître ni serviteur que de lui-même et de l'humanité.

Ceux qui naïvement croient user d'autres matières premières
pour rançonner leurs consommateurs aperçoivent vite leur erreur.
On l'a bien vu lors des trois crises pétrolières. Un combustible naturel indispensable à l'industrie s'était offert à ses détenteurs comme
un moyen de se faire entretenir, une première fois en 1973-74, une
seconde en 1979, pourquoi pas une troisième, une quatrième, et
ainsi indéfiniment ? Mais puiser indéfiniment dans la nature est
un mythe. L'inépuisable, l'infini, c'est dans l'autre camp, chez ceux
qui usent de la raison, ou si l'on préfère, de l'esprit. Économies
d'énergie, rentabilisation de son emploi, diversification de ses sources, prolifération du nucléaire, en 1986 éclatait la troisième crise
du pétrole, en sens inverse des deux premières, l'hydrocarbure fos-
sile redevenait ce qu'il avait toujours été, un matériau épuisable,
soumis comme les autres au danger de l'effondrement des prix,
enfin remplaçable pour peu qu'on se prît à y réfléchir.

N'objectons pas la singularité du cas. Toutes les matières premières ont donné lieu aux mêmes tentatives et conduit aux mêmes échecs. « Depuis 1981, le monde croule sous les stocks de cuivre et de plomb, de zinc, de nickel et d'étain ; de blé, de sucre et de cacao, sans oublier le coton, la laine, la gomme naturelle »[21]. Pourquoi cette pléthore ? Parce que les pays industrialisés, les pays du nord, ont su remplacer presque tous ces produits par leurs inventions (fibre, matières plastiques, composites), ils ont su adopter des processus industriels beaucoup moins avides de matières premières, diminuer considérablement l'emploi de métaux non ferreux. Grâce à l'asparthame ils ont réussi à démolir la royauté du sucre. Aveuglés par la croyance que les pays du nord dépendraient d'eux indéfiniment, ceux du sud avaient investi massivement dans la production de leurs matières premières. Par là ils se sont endettés à vitesse uniformément accélérée, produisant de plus en plus pour rembourser leurs dettes, et ainsi provoquant de nouveaux effondrements des prix[22]. Cercle infernal de la servitude. Spirale ascendante de la maîtrise.

*

* *

On vient d'observer l'œuvre de l'extérieur, dans ses rapports au monde. Tentons maintenant de nous transporter à l'intérieur, pour en surprendre la conception, la naissance, la maturation, bref d'en comprendre le sens.

Il y a tant d'œuvres dispersées en tant de genres, littérature, sciences, arts, lois, institutions, qu'il faut bien choisir la porte étroite à notre mesure, la fissure par où nous glisser. Ce sera la lecture, et d'abord la plus facile, parce que tout le monde peut lire Agatha

---

21. Eric FOTTORINO, *Les effets de la crise des matières premières non énergétiques*, (*Le Monde* du 6 mai 1986).

22. L'article d'Eric Fottorino que je viens de citer présente un graphique publié par le département américain du commerce, montrant que de 1890 à 1986 les hausses de matières premières n'ont été suscitées que par les deux guerres mondiales et les deux chocs pétroliers, après quoi leurs prix réels sont tombés au-dessous du niveau atteint en 1890.

Christie mais ne peut savourer sans initiation Praxitèle, Bach, Hegel, Mallarmé ou Proust, ne peut goûter immédiatement les invariants intégraux, la théorie électronique des phénomènes diamagnétiques, ou les *Pandectes*. Peut-être ensuite pourrons-nous suivre le conseil de Descartes, « conduire par ordre » notre exploration, « commençant par les objets les plus simples et les plus aisés à connaître, pour monter peu à peu, comme par degré », nous efforcer de nous élever en direction « des plus composés ». Si nous parvenions là, nous serait-il permis de supposer « même de l'ordre entre ceux qui ne se précèdent point naturellement les uns les autres » ?

CHAPITRE III
DE LA CRÉATION

Écouter, lire et parfois, au passage, se sentir fugitivement arraché à soi par une rencontre indescriptible ; plus souvent ne poursuivre et toucher le terme d'une œuvre que par inertie, quiconque aime la musique et les livres a vécu ces deux sortes d'expériences. Elles posent un problème : pourquoi, soudain, au détour d'une page ou d'un *leit-motiv*, a-t-on bondi désespérément hors de soi vers l'absolu quelques instants entrevu, ou bien s'est-on senti progressivement conduit le long d'un itinéraire toujours plus surprenant, ou bien encore n'a-t-on poursuivi qu'à tout hasard, vaguement curieux, sans grand espoir, surtout parce qu'ayant commencé, on n'ose plus abandonner avant la fin ?

« Parce que c'était » cet ouvrage « et parce que c'était moi » ? Façon, pour Montaigne, de ne pas répondre à la question. Une amitié vient de se nouer. Pourquoi ? Et pourquoi une inimitié, ou l'indifférence ? Analyser comme un chimiste les composants de l'œuvre et ceux de l'amateur pour découvrir entre eux des rapports nécessaires serait revenir à Taine. Invoquer une intuition ineffable renverrait à Bergson. Demander « Qu'est-ce qu'écrire ? Pourquoi écrit-on ? Pour qui ? » reconduirait avec Sartre à « mettre en situation » auteur et lecteur, par là renvoyer à Taine, et finalement prononcer la célèbre énormité : « C'est seulement dans une collectivité socialiste » que la littérature s'accomplira totalement[1]. Pourquoi pas aussi la musique ? D'abord a-t-on le droit de demander ce qu'est écrire avant d'avoir demandé ce qu'est lire ? Ne lit-on pas avant d'écrire ?

Il y a une tâche à entreprendre : dans le souvenir des livres, des musiques, des tableaux, des sculptures qu'il nous a été donné de découvrir, chercher ce qui suscita notre exaltation, notre mépris ou notre indifférence, puis dépassant nos impressions personnelles et leur réfraction dans notre vécu, induire de là ce que pourrait être l'essence du littéraire ou du philosophique, du musical ou du poétique, du pictural ou de l'architectural, en un mot, de *l'œuvre*.

Mission difficile. Sauf dans le domaine des sciences et des techniques, qui est celui de l'univocité (donc exigera un examen particulier, quand se présentera l'opposition créatrice entre monosémie et polysémie), on ne sort jamais de soi, et Kant a reconnu que le jugement esthétique, sans concept, ne nous affranchit pas de la subjectivité, bien qu'« il ressemble au jugement logique en ceci qu'on peut le supposer valable en chacun ». Comment concevoir que *L'Embarquement pour Cythère*, la *Passacaglia en ut mineur* ou *La Recherche du Temps Perdu* soient admirables universellement ? Le sont-ils ? S'ils le sont, pourquoi ?

Sans hasarder aucune réponse, peut-on au moins analyser les impressions que ces œuvres nous ont laissées, pour y déceler les traces d'un grand passage ? Si le pictural, le poétique ou le musical s'y prêtent, le philosophique aussi ; un grand système métaphysique aussi ne peut pas ne pas s'apparenter étroitement, quoique secrètement, à un grand quatuor ou à un grand poème, comme Valéry montrait qu'un temple s'apparente à une jeune fille. Construisant respectivement *La Phénoménologie de l'Esprit* et *la Recherche du Temps Perdu*, Hegel et Proust — j'ai cru le montrer[2] — ont procédé de même, suivi la même *méthode*, au sens ou ce mot (μετά ὁδός) signifie *chemin*. Curieusement l'un et l'autre ont abouti au point d'où ils étaient partis, progressant ainsi le long d'un par-

---

1. *Qu'est-ce que la Littérature ?* (Gallimard, Folio/Essais 1948, p. 289).

2. Dans un article de la *Revue de Métaphysique et de Morale* intitulé *Thèmes métaphysiques chez Marcel Proust* (avril-juin 1985).

cours initiatique qui d'abord parût leur découvrir — ou parût découvrir au lecteur — un monde neuf, puis à travers cette *terra incognita* les reconduisît là d'où ils s'étaient arrachés, laissant derrière eux la trace de ce cercle que les logiciens déclarent vicieux. Cette constatation est-elle généralisable ? Entre tous les ouvrages de l'esprit comme entre tous les vivants, le trait commun qu'avait reconnu Kant (« tout y est réciproquement moyen et fin ») manifeste-t-il que tout renvoie de sa fin à son commencement, que son commencement sera aussi sa fin (« Ce m'est tout un par où je commence, car là-même à nouveau je viendrai en retour »[3]), qu'en conséquence la manière d'exister qu'a toute œuvre de la nature[4], toute œuvre des hommes et jusqu'à la condition humaine elle-même est circulaire ? On y reviendra.

Peut-être un second enseignement de ces constatations élémentaires serait-il d'effacer les frontières inutiles. Un raisonnement de Platon sur le *même* et l'*autre*, une soie bleue sur fond de parc peints par Watteau, la description par Proust d'une réminiscence éveillée mais impuissante à remonter jusqu'à la conscience, traduisent manifestement de diverses manières un même projet. Lequel ? Formulée ainsi, la question exclut toute tentation de construire ce que naïvement on nomme une *esthétique*. Il s'agit d'explorer patiemment, d'être humble devant l'œuvre. Qu'est-ce que l'œuvre ? Philosophique ou musicale, poétique ou littéraire, il n'importe. La proie à poursuivre s'offre comme une présence, fugitive dans sa rencontre mais permanente parce qu'en revenant au lieu de son premier

3. PARMÉNIDE, *Fragment V*, trad. J. Beaufret.

4. Y compris la matière, objet des sciences physiques et chimiques. En elle est observable un équilibre annulant ou tendant à annuler toute perturbation d'origine extérieure, pour se rétablir. Le fléau d'une balance se déplace si de l'équilibre initial l'addition d'un poids le meut vers un équilibre final, à travers une rotation du système qui réorganise son équilibre rompu. Dans de l'eau acidulée immergeant deux lames métalliques et parallèles, aimanter une seule lame fait surgir entre elles du courant électrique ; la réorganisation du système ainsi déséquilibré s'est effectuée par transformation d'énergie chimique en énergie électrique. L'activité pharmacodynamique d'innombrables produits chimiques apparaît seulement quand leur formule présente une dyssymétrie moléculaire, comme si elle résultait de cette dyssymétrie, mais pour l'annuler. Les exemples de cette sorte sont inépuisables, vérifiant chacun dans son domaine la loi d'égalité de l'action et de la réaction.

rendez-vous on l'y retrouve toujours. De quoi est-elle présence ? On ne le découvrira pas si d'abord on ne reconnaît la topographie, les provinces de ce royaume ténébreux; tâcher d'y localiser quelques repères, commencer comme on l'a dit par le plus simple, la lecture qui ne vise qu'à divertir. Par contraste, divertir pourrait nous convertir, l'éloignement nous rapprocher.

*

* *

Longues « journées de lecture », longues soirées d'hiver, interminable fainéantise des longues vacances d'été, que de temps, enfants, adolescents, ma génération née pendant la première guerre mondiale s'est enivrée d'Alexandre Dumas, Jules Verne, Conan Doyle, Gaston Leroux et Maurice Leblanc ! Combien de Léo Malet, d'Agatha Christie et de Jean Bruce ! Avec l'âge, ces livres-là ont perdu leur saveur (sauf peut-être ceux de Dumas). Du moins pouvons-nous maintenant les considérer comme des objets d'investigation, avec la lucidité de l'entomologiste.

Perçus de ce nouveau point de vue, ils paraissent se répartir en deux groupes. Dans les uns le héros déchiffreur d'énigmes se situe hors du drame, il n'est pour rien dans sa genèse ni dans son développement, n'intervenant qu'après la mort de la victime, pour forcer le destin en démasquant l'assassin. C'est le cas des enquêtes de Sherlock Holmes, de Maigret, d'Hercule Poirot. Dans les autres il est acteur, non plus seulement spectateur, mais d'abord il l'ignore, et l'angoisse consiste précisément en ceci que chacun de ses efforts pour découvrir la vérité, c'est-à-dire pour détruire les apparences soigneusement élaborées qui la dissimulent, découvre progressivement à tous comme à lui-même sa participation personnelle au drame, le rôle essentiel qu'il y a joué sans le savoir, la responsabilité au moins objective qu'il en assume. A la limite, c'est-à-dire si l'essence du roman policier y était réalisée jusqu'au bout, le héros déchiffreur d'énigmes irait jusqu'à *être* et *se découvrir* le coupable, mais alors toute l'intrigue s'effondrerait immédiatement, ou plutôt l'auteur n'aurait même pas pu esquisser sa rédaction, contradictoire par principe.

Cela signifie d'abord que comme il n'y a pas de crime parfait, il n'y a pas de roman policier qui puisse atteindre la perfection. S'il l'atteignait, aussitôt il franchirait la frontière de sa propre définition, il cesserait d'être un roman policier pour accomplir d'un seul coup cette identification de l'*autre* à *soi* qui est la suprême inspiration de la tragédie grecque et de la métaphysique allemande.

Tout l'art du roman policier — Boileau et Narcejac romanciers le pratiquent mais, théoriciens, l'ignorent superbement — consiste donc à le conduire sans trêve vers cette frontière sans jamais lui permettre de la toucher. L'enquête doit progresser toujours, mais sans atteindre l'identification qu'elle vise. Entre le héros et le coupable sur le point de se révéler n'être plus qu'un, il faut que subsiste une différence aussi petite qu'on voudra, une distance régulièrement décroissante, infinitésimale. C'est elle qui, solidifiée juste avant de disparaître, fournira le dénouement. Au point choisi, en la situation jugée la plus spectaculaire, voilà qu'entre le héros et le coupable ce qui les avait opposés, puis n'avait plus fait que les séparer, cesse enfin de décroître, se fige en un rapport aussi étroit que possible. Alors au lieu de se découvrir l'assassin, comme tout le livre y tendait indéfiniment, le héros se révèle, par exemple, son jumeau, ou son parent très proche, ou encore son complice inconscient[5], ce qui est à l'identification comme un point de la courbe asymptotique à l'axe dont jusqu'à ce point elle s'était toujours rapprochée. Le plus célèbre exemple est Rouletabille, épouvanté lorsqu'enfin il se découvre le fils et de l'assassin et de la victime.

Mais alors que se serait-il passé si la courbe avait fini par coïncider avec l'axe ? Si l'enquêteur se découvrait lui-même le meurtrier ? Je n'en connais qu'un cas (il ne s'agit pas de Larsan, à la fois assassin et enquêteur, puisqu'il ne se découvre pas, il est démasqué par Rouletabille), c'est le roman de Maurice Leblanc intitulé *Le Prince de Jéricho*[6]. Encore l'auteur s'est-il vu contraint d'inter-

5. Dans *Les Dents du Tigre* (Maurice Leblanc), Florence Levasseur est la complice totalement inconsciente de l'assassin Jean Vernocq.

6. Publié sous forme de feuilleton dans *Le Journal* du 20 juillet au 25 août 1929, puis en un volume chez Pierre Lafitte en 1930.

poser entre le passé du coupable et le présent du héros, qui s'y découvre identique au moment même où il le démasque, cette très commode amnésie traumatique si abondamment utilisée par les feuilletonistes du XIXe siècle, qu'il faut bien pour que le *soi* (le détective) cherche de bonne foi à découvrir l'*autre* (l'assassin) qu'il est aussi, ou qu'il a été.

Moyen évidemment artificiel. Supprimons l'artifice, franchissons la frontière. L'unique moyen d'obtenir que le *soi* cherche sincèrement la vérité jusqu'à la découvrir en se découvrant dans l'*autre*, c'est qu'*ab initio*, à la fois il l'ignore mais l'héberge sans le soupçonner. Qu'il l'ignore garantira sa sincérité. Qu'il l'héberge l'inquiétera suffisamment pour le lancer à sa recherche, c'est-à-dire, nous le savons, à sa propre recherche. L'exemple le plus fameux en est évidemment Œdipe. Or il est significatif qu'au moment de la suprême révélation, ce soient presque littéralement les paroles du roi Labdacide que prononce Jéricho, et retournant une formule célèbre il faudrait évoquer ici l'intrusion de la tragédie grecque dans le roman policier s'il ne s'agissait moins d'intrusion que d'échange : c'est aussi *Œdipe Roi* qui intemporellement accueille, absorbe quelque chose du roman policier. Cette fois lucides, Boileau et Narcejac l'ont remarqué. Le mystère du destin, que seuls révèlent les plus profonds, Sophocle, Platon, Hegel, Baudelaire, Proust, Freud, à savoir que notre pire ennemi est nous-même, après les vingt-cinq siècles qui nous séparent de Sophocle, c'est le roman policier qui se charge de nous le donner à entendre, et peut-être Hardley Chase a-t-il contribué plus que quiconque à traduire en termes de *Série Noire* cet enseignement de la tragédie grecque.

Traduction et enseignement qu'il convient de méditer. Si les deux extrêmes de la Littérature se rejoignent ici, c'est que toute la littérature pourrait avoir le même sens, exercer la même fonction : illustrer le mieux possible la coïncidence entre deux recherches apparemment distinctes, en vérité indiscernables, celle de l'autre par le soi et celle de la vérité, ou plutôt montrer que la vérité apparaît quand le soi se reconnaît dans l'autre.

Déjà cette hypothèse s'avère heuristique puisqu'entre le Tirésias de Sophocle, le Socrate platonicien et le Narrateur proustien elle découvre une identité de fonctions. Lorsqu'Œdipe, chargé par l'oracle de rechercher le meurtrier de Laïos, ordonne et dirige l'enquête, nous savons déjà qu'il sera l'instrument aveugle de son propre châtiment, et que tous les efforts, autrefois de Laïos et de Jocaste, tous ses efforts ensuite, fuyant Polybe et Mérope qu'il croit ses parents, pour empêcher l'accomplissement fatal, n'aboutiront qu'à sceller celui-ci : en cela précisément consiste la fatalité tragique. Or un des personnages sait, un seul, Tirésias. Il déclare même savoir, mais « ne dira rien », aussitôt après quoi il révèle la vérité (« tu es toi-même le meurtrier que tu recherches... A ton insu tu as lié un commerce infâme avec l'être que tu chéris le plus au monde »), mais Œdipe se veut aveugle et sourd, Œdipe à qui cependant, tout jeune, encore fils adoptif de Polybe et Mérope, l'oracle avait déjà prédit qu'il tuerait son père et coucherait avec sa mère.

Œdipe se trouve exactement dans cet état mixte de connaissance et d'ignorance où se trouvent tous les interlocuteurs du Socrate platonicien, son âme est « grosse » de la vérité, mais désespérément il refuse de dissiper les opinions qui l'empêchent d'en « accoucher ». En lui comme en l'esclave de Ménon, le soi est ignorant de la vérité, mais engagé dans sa poursuite jusqu'à découvrir qu'elle n'était pas autre, elle gisait en lui. Comme Tirésias sait mais déclare qu'il ne dira rien, Socrate sait mais ne dira rien ; simplement il montrera au jeune esclave la fausseté de ses réponses fausses.

N'hésitons pas plus longtemps : Tirésias est Sophocle installé parmi les personnages sur la scène, comme on voit Hitchcock figurer quelques secondes dans chacun de ses films. Le Socrate des dialogues platoniciens est Platon installé parmi ses personnages. Le Narrateur proustien aussi se trouve dans cet état mixte, il cherche sans même parvenir à savoir ce qu'il cherche ; mais quand il le découvre, au même instant explosif il le reconnaît ; cette vérité qu'il pressentait à travers certains parfums, d'insignifiants détails tels le goût d'une madeleine dans du thé, mais qui se dérobait toujours, dès qu'enfin elle s'offre il la reconnaît, et reconnaître est avoir déjà connu.

Certes, Platon situe dans la mythique vie antérieure des mystères orphiques cette connaissance première de la vérité à redécouvrir, et Proust ne peut s'accorder cette antériorité-là ; mais il en construit une autre chargée aussi d'incarner l'auteur dans un de ses personnages, par homologie entre lui et son Narrateur.

Celui-ci a médité d'écrire, en a été dissuadé par diverses décep-
tions, l'ironie de Norpois, un fragment du *Journal* des Goncourt,
surtout sa propre impuissance à comprendre l'appel de certaines
réminiscences, après quoi les trois dernières de ces réminiscences,
principalement celle qui surgit de deux pavés inégaux dans la cour
de l'hôtel de Guermantes, lui révèlent enfin la vérité à la fois comme
Temps et comme livre à écrire. Marcel Proust, lui, a très tôt sou-
haité écrire, très longtemps s'en est cru incapable malgré de nombreux essais de plus en plus heureux, enfin très tard, juste avant
la quarantaine, il s'élance, harcelé par la maladie, par la mort,
n'ayant même plus le loisir de se relire. Entre lui et son Narrateur
s'est donc accompli un échange : à Proust le Narrateur emprunte
la très lente mystagogie ; au Narrateur, Proust emprunte l'observatoire privilégié d'où un personnage de *La Recherche* perçoit tous
les autres pour en rendre compte au lecteur, en sorte que l'histoire
de *La Recherche* est celle d'une naissance, la venue au monde d'un
livre dont le Narrateur nous annonce *in fine* qu'il va l'écrire, et
que nous ne connaîtrions jamais si nous ne savions qu'il est précisément *La Recherche*. Ainsi est résolu le problème que Platon résol-
vait grâce à une vie antérieure. Proust et son Narrateur *sont antérieurs chacun à l'autre*, ce qui permet à Proust de savoir vers quoi
La Recherche conduit le Narrateur, et à celui-ci de l'ignorer tout
en le pressentant, comme l'esclave de Ménon ignorait mais pressentait, finalement découvrait la duplication du carré.

En langage kantien ou husserlien il faudrait dire qu'empiri-
quement Proust est antérieur au Narrateur, mais qu'adoptant l'attitude critique, transcendantale, on s'aperçoit que le Narrateur « rend
possible » Proust : c'est en effet seulement à dater de la minute
où le Narrateur prend la parole (« Longtemps je me suis couché de
bonne heure ») que Proust devient l'auteur de *La Recherche*, il a
mis fin à cet interminable « rendez-vous manqué avec lui-même »[7]
que constituaient, sauf *Contre Sainte-Beuve* peut-être, tous ses écrits
antérieurs, surtout *Jean Santeuil*.

---

7. André Vial, cité par Pierre VERDIER dans *Sur l'auteur de « La Recherche
du Temps perdu »*», article recueilli dans l'*Hommage à Pierre Verdier* publié par
les Éditions Calligrammes en 1985.

Dans les trois ouvrages qu'on vient d'évoquer, le soi est lancé par l'auteur à la découverte que l'autre n'est autre que lui-même. Cette découverte accomplie, la vérité atteinte, c'est l'absolu révélé au soi, la révélation que le soi y est « sursumé ». En soi et pour nous les trois mouvements par lesquels le soi s'est identifié à l'autre, le personnage en lequel s'incarnait l'auteur a découvert la vérité, enfin l'auteur est parvenu à n'être plus que l'œuvre accomplie, n'en constituent qu'un seul. Si donc chez des auteurs aussi éloignés les uns des autres dans l'espace et le temps que Maurice Leblanc, Sophocle et Proust — l'un, en outre, des deux autres par l'importance — nous découvrons que coïncident au point de n'en faire qu'un deux thèmes toujours les mêmes, la présence de l'auteur parmi ses personnages, en l'un desquels il s'incarne, et le pressentiment de la vérité à découvrir à travers une identification mystagogique du moi à l'autre, la question s'impose de savoir si toute œuvre est conçue, naît, croît, et s'achève de même, ou du moins s'il n'y a pas là un premier schéma, fort pauvre sans doute, de toute création, dont peut-être on retrouverait par transparence les traits principaux dans d'autres chefs d'œuvre, poétiques, musicaux, philosophiques, mystiques aussi bien que littéraires.

Philosophiques, la perspective s'en est déjà proposée puisque nous avons vu Platon s'incarner dans le Socrate fictif de ses dialogues, et à travers celui-ci, inviter tous ses personnages et lecteurs au parcours initiatique qui conduit chacun à s'élever de soi vers l'Un, ce Tout-Autre, cet Autre-que-tout par excellence. Rappelons ici que tous les philosophes procèdent de même. Le propre de toute philosophie est de nier les opinions communes, déclarées apparences fallacieuses, et de s'élever en élevant avec elle l'humanité vers le vrai en soi, à partir duquel les opinions communes apparaîtront ce qu'elles sont, des « ombres », au mieux les étapes d'une dialectique ascendante. Parménide et Zénon nient qu'existe tout ce qui n'est pas l'être, par exemple l'étendue, le temps, le mouvement, la multiplicité. Platon nie qu'existent en soi les choses sensibles et leurs images, n'y voyant que les reflets des εἴδη, reflets à leur tour de l'Un-Bien, celui-ci enfin déclaré inaccessible puisqu'« au-delà-des-essences ». Descartes nie que nos sensations ou nos opinions inexaminées nous apportent le vrai. Les sensations ne sont bonnes qu'à fuir la douleur et chercher le plaisir[8], les opinions se contredisent entre elles, il n'y a rien d'indubitable que le doute même, lequel par le *cogito* nous conduit à Dieu, et à travers celui-ci nous fait découvrir les vérités.

A ces affirmations, comment ne pas objecter — respectivement — que si l'étendue, le temps, le mouvement et la multiplicité n'existaient pas, ou bien ils n'apparaîtraient pas, ou bien ils poseraient l'insoluble problème d'un apparaître qui fût apparaître de rien ; que si les apparences se réduisent aux vains reflets des reflets de l'Un-Bien, elles dissimulent celui-ci plus encore qu'elles ne le révèlent, tant est rude la dialectique ascendante, si bien qu'on ne saisit pas la nécessité de ces obstacles ; qu'enfin s'il faut Dieu pour nous garantir la vérité des propositions les plus évidentes que nous découvre la raison, user de celle-ci implique la foi en Dieu, laquelle n'est point parmi ceux qui en usent la chose du monde la mieux partagée.

Mais surtout l'objection qu'on ne peut manquer de soulever apparaît en forme d'interrogation : *d'où parle le philosophe ?* Parménide ne peut appeler l'humanité à nier les opinions pour le rejoindre au cœur de l'être « bien arrondi » que s'il y est déjà installé, s'il coïncide en quelque sorte avec lui. Si le Poème *De la Vérité* décrivait la vérité, c'est-à-dire si seul l'être existait, la notion même de non-être que Parménide s'épuise à nier n'apparaîtrait même pas. Penser l'être, le nommer, c'est adopter sur lui un point de vue nécessairement extérieur à lui, et hors de lui, par hypothèse, il n'y a rien, pas même d'« il y a ». De même le philosophe Platon ne peut décrire aux lecteurs de la *République* les douloureux efforts du prisonnier libéré pour quitter l'ombre de la Caverne « et gravir la montée nue et escarpée vers le Soleil » que s'il a lui-même préalablement réussi cette escalade. Invitant tout le monde à opérer un renversement métaphysique du type copernicien, il faut bien que Kant l'ait déjà opéré pour son propre compte. Comme on sait que Proust

---

8. *Principes, Seconde Partie*, 3 ; *Méditation Sixième*. Il est vrai que les sensations nous font « très clairement » connaître « les choses qui appartiennent à l'union de l'âme et du corps », mais seulement dans les ténèbres, dans le « relasche des sens » et le « repos de l'esprit » propre à « ceux qui ne philosophent jamais » (*Lettres à Élisabeth*, 28 juin 1643).

est déjà parvenu à la vérité du *Temps Retrouvé* quand son Narrateur entame *La Recherche du Temps Perdu*, de même ici nous nous voyons révéler qu'Emmanuel Kant, seul, entre 1770 et 1781, a fait graviter le connu et le connaissable autour du connaissant, après quoi, à dater de 1781, il nous a tous invités à l'imiter. Si le philosophe Kant peut s'adresser aux dupes qui prennent les phénomènes pour des noumènes et les détromper, c'est que déjà il a reconnu et dissipé l'illusion transcendantale. De même il a bien fallu que le philosophe Hegel se soit installé avant tout le monde dans le Savoir Absolu pour que du haut de cet observatoire suprême il puisse appeler la conscience à parcourir tous les degrés de la dialectique phénoménologique qui va l'y conduire. *La Phénoménologie de l'Esprit* s'accorde « un au-delà de la description de l'expérience qui en rend possible ensuite la genèse », et la *Logique* « suppose au début ce qui n'est vraiment démontré qu'à la fin »[9].

En un mot toute réflexion philosophique consiste par essence en un cercle vicieux, et ce n'est pas l'exemple de Husserl qui convaincrait du contraire. Ailleurs[10] j'ai rappelé que décrire l'attitude naturelle comme l'a fait Husserl[11] présuppose qu'elle soit descriptible à partir d'un point de vue pris sur elle, point de vue qu'on ne peut adopter avant d'avoir opéré la réduction, laquelle à son tour présuppose qu'aient été découvertes les structures noético-noèmatiques, découvrables seulement grâce à la modification de neutralité, seule radicale, donc seule radicalisante[12]. La pétition de principe est si évidente qu'elle contraint Husserl à l'avouer allusivement, à procéder par injonction autoritaire[13], à suggérer préma-

9. J. Hyppolite, *Genèse et Structure de la Phénoménologie de l'Esprit de Hegel*, Aubier, Tome II, p 567.

10. Dans *Itinéraires Phénoménologiques*, Session d'études du *Centre de Recherches et de Documentation sur Hegel et Marx* , E.R.A. — Université de Poitiers, 1981, p. 19 à 24.

11. *Ideen...* I, § 27 à 30.

12. *Ideen...* I, § 109 et 114.

13. « *Au lieu de demeurer dans cette attitude [naturelle], nous allons lui faire subir une altération radicale*. Il importe pour l'instant de nous persuader que cette altération est possible par principe » (— *ibid.* —, § 31, premières lignes), déclaration qui constitue un pari ou un postulat, sinon même un coup de force.

turément que lui soit accordée l'attitude neutralisante grâce à son analogie avec le doute cartésien, lequel précisément à ses yeux n'est pas radical, n'est pas neutralisant. Bref il y a cercle, toute attitude philosophique serait d'abord circulaire. Retrouvons-nous ici le « cercle vicieux » en lequel nous avait paru consister non seulement toute œuvre, mais la nature elle-même, et jusqu'à la condition humaine ?[14] Rappelons donc aussitôt que cette circularité a été délibérément assumée par tous les philosophes. Bien loin d'opposer à leur projet un obstacle insurmontable, elle surgit devant eux comme cela même qui leur permet de l'accomplir jusqu'au bout. Est-il contradictoire que « le mouvement [soit] le même et non le même » ? Platon avertit qu'« il ne faut pas s'en fâcher »[15]. D'ailleurs le principe aristotélicien d'identité au nom duquel on se flatterait de récuser tout cercle vicieux, plus généralement tout sophisme, donc toute contradiction, est contradictoire, et sa contradiction intrinsèque revêt précisément la forme de ce cercle, de cette pétition de principe qu'il servirait à condammer. Car enfin s'il faut, pour déterminer l'appartenance d'un attribut, que ce soit à la fois au même sujet, au même moment et sous le même rapport[16], autant s'accorder tout de suite que A soit A quand il n'est pas non A, c'est-à-dire qu'il n'est pas contradictoire de supposer le non-contradictoire, il est possible de supposer le possible[17]. Entre le sujet A et l'attribut A de la proposition *A est A*, remarque Hegel[18], le principe de non-contradiction affirme et nie à la fois qu'il y ait différence. Le même Hegel va beaucoup plus loin : s'il décrit l'expérience phénoménologique à partir d'un point de vue adopté sur elle du haut du Savoir Absolu, si sa *Logique* suppose au début ce qu'elle aura démontré seulement à la fin, c'est que cela même que décrivent la *Phénoménologie* et la *Logique* est *circulaire en soi* : « Le Vrai est le devenir de soi-même, le cercle qui présuppose et a au commen-

14. Cf. *supra*, p. 49/51.

15. *Le Sophiste*, 256 a.

16. *Métaphysique*, Γ, 3, 1005 b, 25-30.

17. *Métaphysique*, Θ, 3, 1047 a, 25 ; 1047 b, 10.

18. *Encyclopédie...*, § 115.

cement sa propre fin comme son but, et qui est effectivement réel seulement moyennant son actualisation développée et moyennant sa fin »[19]. Emblème de la sagesse, la chouette de Minerve ne prend son vol qu'à la tombée du jour, car alors aura été accompli « le cercle retournant en soi-même qui présuppose son commencement et l'atteint à la fin[20].

Loin donc qu'on puisse accuser de cercle vicieux la transformation « de l'*en soi* en *pour soi*, de la *substance en sujet*, de *l'objet de la conscience* en *objet de la conscience de soi* »[21] par laquelle ensuite devient possible cette « Idée qui se pense elle-même, la Vérité qui sait »[22] et se sait vérité, tout au contraire c'est ce fait de se savoir soi-même qui est premier en droit, et qui a ensuite à se manifester tel en fait, pour soi, après quoi c'est le concept même de cercle qui viendra merveilleusement servir de schéma pour exprimer et décrire ce processus, ou mieux encore selon Heidegger, pour le *découvrir* : loin d'exposer au risque de sophisme, l'apparition d'un cercle au contraire accompagne et signale toute tentative authentique de radicalisation, puisque « l'étant pour lequel en tant qu'être-au-monde il y va de son être a une structure ontologiquement circulaire »[23]. A sa suite, Sartre occupé à décrire « le cogito préréflexif qui est la condition du cogito cartésien », conclut que « c'est la nature même de la conscience d'exister en cercle »[24]. Hegel s'élevait beaucoup plus haut dans cette direction : une fois atteint l'Esprit Absolu qui apparaît au terme de la *Philosophie de l'Esprit*, le cercle précédemment assumé réapparaît plus évident que jamais. Loin d'être rompu par cette apothéose, il se révèle avoir été non seulement le malaise de la conscience aux prises avec les difficultés de son ascension vers le Savoir Absolu, mais l'essence du hégelianisme tout entier. C'est l'Absolu lui-même en tant que « résultat » qui est cir-

19. *Phénoménologie de l'Esprit*, trad. J. Hyppolite, Tome I, p. 20.

20. *Ibid.*, Tome II, p. 306.

21. *Ibid.*, Tome II, p. 305-306.

22. *Encyclopédie des Sciences* Philosophiques, § 574.

23. *L'Être et le Temps*, § 32. Dès le § 2 Heidegger annonce déjà que l'accusation de cercle vicieux n'est « jamais difficile » mais aussi « jamais féconde ».

24. *L'Être et le Néant*, 14ᵉ éd., p. 20.

culaire en soi, si bien que l'essence de l'Esprit Absolu est non pas du tout la réconciliation suprême qu'attendrait un lecteur distrait, mais la négativité perpétuée, l'inquiétude comme création continuée de l'histoire, singulièrement l'histoire de la philosophie. L'Absolu est résultat, mais jamais atteint, jamais accessible[25], de sorte que toute l'œuvre de Hegel apparaît la gigantesque retombée d'un effort désespéré pour étreindre l'absolu. Par généralisation cela nous suggérerait-il que tout œuvre est cet effort, qu'on prend pour une totalité achevée l'ensemble des débris jonchant le sol qu'a frappé une chute en forme de retombée ?

Dans l'immédiat, remarquons qu'au « cercle vicieux » en lequel consisterait tout système philosophique ressemble étrangement celui en lequel nous avait paru consister *La Recherche du Temps Perdu*, et que l'absolu en direction duquel s'élèvent les efforts de Hegel et de Proust ressemble étrangement à celui que chante J.S. Bach, ce qui confirmerait et la nécessité, reconnue plus haut, de briser les frontières entre « genres » auxquels appartiennent ces œuvres, et l'hypothèse selon laquelle, tous genres ainsi confondus, l'inaccessible idéal auquel aspire toute œuvre s'offre comme synthèse du soi et de l'autre, non point du tout comme fusion entre eux. Cette hypothèse permettrait d'élucider le sens des écrits mystiques, du mysticisme en général.

On sait en effet que comme le *Savoir Absolu* qui surplombe toute la *Phénoménologie* en 1806-1807 est déjà révélé à Hegel dans ses écrits de 1802-1803, *Le Temps Retrouvé*, qui surplombe *La Recherche* est déjà révélé à Proust avant qu'il dactylographie (1912) le premier tome des *Intermittences du Cœur* (deux tomes), intitulé seulement *Le Temps Perdu*. Ainsi les premières pages du livre publié ensuite sous le titre *Du Côté de chez Swann* sont-elles écrites du haut de ce qui sera *Le Temps Retrouvé* comme le *Savoir Immédiat* présenté sous les apparences de la *Certitude sensible* est exposé « en soi pour nous », il préfigure la vérité déjà découverte sous forme du *Savoir Absolu* ; et de même que la *Certitude Sensible*, entrée

---

25. Dans *Logique Formelle et Logique transcendantale*, Husserl expose que la subjectivité transcendantale prend l'ultime conscience d'elle-même en découvrant que la vérité est une idée régulatrice « située à l'infini ».

du parcours initiatique, apparaît la plus haute vérité mais se révélera la plus grande illusion, de même le premier tome des *Intermittences du Cœur* intitulé *Le Temps Perdu* « prépare le second [*Le Temps Retrouvé*] en l'annonçant à la fois et en énonçant, provisoirement, le contraire de ce qu'il dira »[26], de même *Du Côté de chez Swann* annonce déjà, mais dissimulé sous les apparences d'un renversement complet, ce que révélera seulement et en le renversant le second tome du *Temps Retrouvé*. Comme l'écrit Proust à Jacques Rivière, dans *Swann* il a décidé « de ne pas annoncer que c'était justement à la recherche de la vérité » qu'il partait. « Ce n'est qu'à la fin du livre », annonce-t-il, « que ma pensée se dévoilera », et toute la suite de cette lettre admirable[27] éclaire le statut contradictoire de la conscience gravissant les étapes du calvaire phénoménologique aussi bien que celui du Narrateur. Dans le cas de la *Recherche* comme dans celui de la *Phénoménologie*, l'auteur est contraint à l'ubiquité, à la fois en-soi-pour-nous et pour-soi, à la fois tressaillant parce que le goût d'une madeleine dans du thé l'a ému, au sens étymologique du terme, et penché attentivement du haut du *Temps Retrouvé* sur cette émotion qui s'ignore ; à la fois l'alpha et l'oméga, à la fois mu par les contradictions de la *Certitude Sensible*, par là contraint de gravir les étapes du calvaire phénoménologique, et penché attentif du haut du *Savoir Absolu* sur ces contradictions et le « doute désespéré » (*Verzweiflung*) qu'elles suscitent, mais qui ne se sait pas.

Installons-nous donc au cœur de cet absolu du haut duquel, puisque « tout ce qui s'élève converge », nous précèdent et nous appellent ces auteurs ; osons le discerner d'après les descriptions qu'ils nous en livrent. Une curieuse rencontre nous y attend, cette fois entre la métaphysique et la musique. On sait que Hegel présente la *Logique* comme « le royaume de la pensée pure », « ce royaume est la vérité elle-même, telle qu'elle est sans voile, en et pour soi ; pour cette raison on peut dire : ce contenu est la présen-

---

26. Jean-Yves TADIÉ, *Proust*, Belfond, 1983, p. 27.

27. Citée par Pierre Clarac dans une allocution prononcée au Collège de France le 5 juillet 1971, reproduite sous le titre *Ce que croyait Marcel Proust*, *Cahiers Marcel Proust*, 6, Études Proustiennes, I., p. 16.

tation de Dieu tel qu'il est dans son essence éternelle, avant la création de la nature et d'un esprit fini »[28]. Or quiconque a exécuté la transcription pour deux pianos du *D moll Konzert für pianoforte BW 102* de J.S. Bach, quiconque, les doigts sur le clavier, a exploré minutieusement toute son organisation, s'introduisant ainsi par privilège dans une de ces colossales constructions du genre de celles que Piranèse intitule *Invenzioni di Carceri*, croit assister en humble et clandestin témoin à cet « entretien de Dieu avec lui-même quelques instants avant la création » en lequel Goethe fait consister l'œuvre de Bach. Que ces deux formulations en soient une seule apparaît bien significatif.

Mais signifier qu'en Dieu le soi à la recherche de l'autre l'a finalement trouvé peut conduire à deux attitudes opposées. Chez les philosophes qu'on vient d'évoquer — singulièrement chez Hegel — puis chez Proust la découverte que la vérité cherchée s'attend elle-même avant de se rejoindre, chez Bach enfin le dialogue sans mots entre Dieu et Lui-même, s'offrent comme des synthèses, ou ainsi qu'on va essayer de le montrer, des tentatives échouées de synthèses. Or le propre de toute synthèse, l'étymologie de ce terme le manifeste, est de joindre, d'unir, de dépasser l'opposition, mais de conserver distincts les termes unis dans cette union même, ce qui précisément condamne toute synthèse à demeurer projet avorté. Portée à l'incandescence jusqu'à entrer en fusion, l'union s'évanouirait pour passer dans l'identité, le soi et l'autre feraient plus que s'unir, le soi se fondrait, s'effondrerait dans l'autre, il y aurait dissolution, anéantissement non dialectique, tandis que la synthèse entre le soi et l'autre, dialectique par définition, les unit dans une aventure de l'absolu qui est l'œuvre, ou plutôt une aventure de l'absolu qui s'achève par cet échec admiré qu'est l'œuvre, titan à l'assaut retombé vaincu. Cette effusion qui vise à se faire fusion, dissolution, manifeste l'attitude mystique. L'âme aspire à s'anéantir en Dieu, et c'est l'heureux échec de cette aspiration qui constitue

28. *Science de la Logique, Introduction*, trad. par J. Labarrière et G. Jarczyk, Aubier éd., 1972, p. 19. Les traducteurs ont soin de noter au passage que ce mot, « avant », exprime une antériorité ontologique, non chronologique : la *Logique* « contient » la Nature et l'Esprit, elle ne les précède pas dans le temps.

l'œuvre mystique, le *Diwân* d'Al Hallaj, l'*Imitation*, la *Nuit Obscure*.

Échec heureux, et inévitable si l'on y regarde. Entre l'absolu, où il aspire à se perdre, et la première personne du singulier, qui l'héberge, le mystique se heurte à une incompatibilité qui n'est pas surmontable : « Entre moi et Toi il y a un « c'est moi » qui me tourmente ; ah ! enlève par Ton « c'est Moi » mon « c'est moi » hors d'entre nous deux ! » s'écrie en vain Al Hallaj[29]. De même le mystique persan Djalâl-Ud-Dîn-Rûmi, s'éveillant à l'amour universel, se heurte aussitôt à son propre moi comme à un obstacle[30]. Pascal ne parvient pas à évacuer son moi « haïssable » : « je le haïrai toujours », soupire-t-il. Quiétiste, Madame Guyon prescrit d'aimer Dieu d'un « pur amour », c'est-à-dire d'abandonner tout souci de son propre salut, regardé comme un obstacle. Mais ferait-il encore obstacle s'il avait été consumé au feu du « pur amour » ? Inévacuable, en vain haï, le moi maintient ou ramène avec lui, et aussitôt reconstitue le *cogito*. La formule même d'Al Hallaj l'atteste malgré lui : en Ta direction, apostrophe-t-il l'absolu, *je heurte un obstacle qui est moi*. Résistance ultime, indestructible, ici le moi fonctionne à la fois comme obstacle et comme existence, tout de même que dans le *cogito*, et c'est à peine si l'introduction d'*ergo* pour souligner la nécessité de cet enchaînement altérerait la traduction latine qu'on serait tenté d'en hasarder : *obsto ergo sum*. Husserl d'ailleurs n'use même pas du mot *ergo* : « *Je suis*, cette vie est, *cogito* »[31]. Cette résistance absolue du *Je* suffit à restaurer, avec le *cogito*, la philosophie cartésienne du sujet, ce qu'il y a de plus opposé à la fusion mystique du sujet dans l'absolu, laquelle ainsi portait en son sein sa propre destruction.

Cette auto-destruction crée de grandes œuvres, les religions, plus spécialement les églises. La dissolution du contemplatif en Dieu serait silence, mais l'impossibilité de s'y dissoudre se fait Parole,

29. Muquatta 'at n° 55, trad. par L. MASSIGNON dans *Le Diwan d'AlHallaj*, p. 91.

30. Voir la citation qu'en fait Hegel dans l'*Encyclopédie*..., note I du § 573.

31. *Ideen*... I, § 46. Descartes en avait d'ailleurs fourni le modèle : « la pensée est un attribut qui m'appartient. Elle seule ne peut être détachée de moi. *Je suis, j'existe*, cela est certain » (*Méditation Seconde*).

texte saint, révélation transmise par les générations. On attendait le Royaume, l'Éternel, l'Indescriptible, on voit arriver l'Église et l'Évangile, se construire sous nos yeux, ou plutôt celle-là construire celui-ci par sédimentation, tout comme on attendait que le déchiffreur d'énigmes se révélât lui-même l'auteur du crime et ce sont les péripéties d'un roman d'aventures qui sont venues s'enchaîner le long d'un livre, qu'on relit très rarement. Et de même que Rouletabille n'était pas ce que le lecteur croit d'abord, en vérité il est Gaston Leroux s'ignorant lui-même, se découvrant à travers le journaliste-détective qu'il a forgé pour agir en son nom, de même « le Dieu d'Abraham, ...d'Isaac, ...de Jacob » n'est pas « celui des philosophes et des savants », il y a autant de demeures dans la Maison divine qu'il y a d'âmes aspirant à y entrer pour s'y retrouver, l'itinéraire de l'âme à Dieu ne la conduit à rencontrer rien d'autre qu'elle-même hypostasiée, ou plus exactement c'est l'impossibilité d'aller jusqu'au bout qui par retour crée le « moi haïssable », ses pompes et ses œuvres.

Cette contradiction interne de l'œuvre mystique ne lui est pas propre, toute œuvre en est frappée, poétique, littéraire, philosophique, artistique, juridique, économique, scientifique même (la découverte des nombres irrationnels, des nombres négatifs, des nombres imaginaires, de Neptune, des vitamines, de la relativité einsteinienne, n'a pas eu d'autre origine), elle est inhérente à l'acte même d'œuvrer, probablement même — Héraclite le premier l'a montré, Hegel en a nourri son système — à tout ce qui est ou peut être. Tout être héberge une contradiction dont il a surgi pour y échapper, qui l'alimente, le promeut à un degré supérieur d'existence, et finalement le détruit. Mais l'œuvre a nécessairement sa manière propre d'assumer cette contradiction interne, la « sursomption » et la destruction qu'elle en reçoit. C'est cette manière-là qu'il s'agit d'élucider.

Le mysticisme, en tout cas, appelle une observation particulière : avec lui nous avons atteint une limite de la région des œuvres, si l'on veut bien tenir les mathématiques et la logique pour la limite opposée. Heurtant cette frontière après avoir exploré le roman policier, la tragédie grecque, Marcel Proust et la philosophie, nous avons donc inventorié une large part de cette région, et atteint une forme extrême de la contradiction créatrice. En quoi se distingue-t-elle des autres ? Va-t-elle nous renvoyer en direction de l'extrême opposée ? Si oui, de quelle manière ?

Observons d'abord que chez le mystique comme chez l'auteur du roman policier, celui de la tragédie grecque, l'écrivain littéraire moderne et le philosophe, les thèmes que nous avions cru déceler réapparaissent en pleine lumière : l'évasion de soi en direction de l'autre, son incarnation en le personnage qu'il charge de cette quête, la découverte que l'autre cherché n'est que le soi ignoré de lui-même, la réduction, une fois cette découverte accomplie, de l'auteur à son œuvre, hors de laquelle il n'est plus rien. Dans le cas du mysticisme, le personnage est l'orant, l'identification mystagogique de soi à l'Autre est l'« Itinéraire de l'âme à Dieu ». Il y a même entre le roman policier et l'appel à Dieu une analogie plus frappante encore puisque l'orant aspire à contempler Dieu et s'y dissoudre comme le détective à identifier le coupable, et s'il s'agit d'Œdipe, s'identifie à celui-ci. La différence est que le détective s'approche de l'Autre asymptotiquement, obligeant l'auteur du roman policier à interrompre cette progression grâce au dénouement, tandis que le mystique, en découvrant l'insurmontable résistance de son *ego* à sa propre absorption en Dieu, découvre en même temps qu'à jamais le soi et l'Autre demeureront à une distance irrétrécissable. Il ne s'agit pas de progression asymptotique mais de parallélisme et, précisons-le, de parallélisme euclidien. C'est « à l'infini » (pour reprendre à Husserl l'expression dont il use dans *Logique Formelle et Logique transcendantale*), donc jamais accessible, que s'annonce l'identification anéantissante. Or à l'autre extrémité du champ des œuvres le mathématicien, le physicien, le chimiste et le biologiste se trouvent dans la même situation. Jamais ils ne parviendront au terme de leurs recherches, celles-ci se poursuivront indéfiniment, comme l'écart entre les parallèles euclidiennes, mieux vaudrait même adopter ici pour métaphore un cercle de rayon croissant : plus s'accroît la circonférence enveloppant les connaissances scientifiques acquises, plus s'allonge la frontière que trace autour d'elles l'inconnu, probablement aussi l'inconnaissable. Mysticisme et science positive paraissent ainsi constituer, à l'opposé l'un de l'autre, les infranchissables limites du champ des œuvres. La question se pose donc, ce champ étant maintenant circonscrit, de savoir si la loi à laquelle nous ont paru obéir les œuvres jusqu'ici observées gouverne toutes les œuvres, sans exception, et quel sens cette loi donne au concept d'œuvre en général.

CHAPITRE IV
ŒUVRE ET IPSÉITÉ

Hors de soi dans toutes les acceptions du terme, le créateur se nie pour s'élever en direction d'un Tout Autre. Nous avions cru entrevoir qu'il y échoue, que son œuvre est cet échec même, qu'enfin il n'est lui-même qu'une fois cet échec consommé. Ces assertions impliquent deux ou trois présupposés ou conséquences qu'il est maintenant urgent d'élucider, ne serait-ce que pour s'assurer de leur validité avant de poursuivre.

Le premier est qu'être « hors de soi » implique un *soi* à l'extérieur duquel cet être consisterait à se porter, alors qu'au contraire le caractère réfléchi du pronom *soi* nécessite, pour que ce soi existe et vérifie sa définition, qu'il revienne sur lui-même, qu'il opère un retour sur ce dont il s'est arraché, retour précisément constitutif du soi par essence.

Le second est que l'Absolu l'arrachant à soi l'attire, le fascine, lui et non un autre, non n'importe quel autre, bref que cet absolu l'engage dans une aventure individuelle, et qu'à la limite il soit un absolu individuel. L'absolu qui serait universellement en soi par soi, tel que l'ont imaginé la plupart des philosophes, par exemple l'être selon Parménide, l'Un selon Platon ou Plotin, la substance selon Spinoza, n'attire personne, je veux dire qu'il n'attire aucun individu. Pour m'arracher à moi-même, me débarrasser un instant de ma propre existence en tant qu'elle consiste et me pèse, il faut que la réponse éveillée en moi aille au-devant d'un appel qui ne s'adresse qu'à moi. D'où le brusque sursaut hors de soi qui signale une rencontre personnelle, ignorée d'autrui, d'où en parti-

culier la victoire des mystères de salut, qui promettent l'immortalité personnelle, sur les religions tribales et nationales, qui n'en souf-
flent mot. Le dernier venu de ces mystères, l'incarnation chrétienne,
en offre l'illustration éclatante. Le Dieu caché, jaloux, créateur et
souverain seigneur de toutes choses, que décrit la Bible, terrifie ;
il ordonne, interdit, condamne, foudroie, pétrifie, fait s'abattre des
fléaux, galoper d'effrayants cavaliers, s'élever de l'abîme une Bête
(l'*Apocalypse* paraît un aérolithe de l'*Ancien Testament* dans le
Nouveau). S'il se laisse entrevoir, ce n'est jamais qu'à travers des
manifestations naturelles, donc neutres : colonne de feu, source jaillissante, buisson incendié, flux ou reflux des eaux, pestes, toutes
choses qui guident, étonnent ou effrayent tout le monde mais ne
suscitent pas la passion individuelle. Pour la susciter, il Lui faut
être un individu, c'est-à-dire revêtir la condition humaine, naître,
surgir doté d'un visage, d'un regard, de mains et de pieds clouab-
les, accablé d'une vulnérabilité qui soit la nôtre, il Lui faut être
l'un de nous, souffrir, mourir comme nous. Être l'autre que soi
n'est pas être l'autre en soi c'est-à-dire autre que tout et n'importe
quoi, c'est se modeler sur les contours de ce par rapport à quoi
l'on est autre, à la manière dont le contour d'un pays épouse les
sinuosités de la frontière qu'il a en commun avec le pays voisin.
Les logiciens ont bien décrit cette situation lorsqu'ils ont reconnu
impossible de définir quoi que ce soit autrement qu'en le disant
autre que son autre, « négat de son négat ». Rien n'est que ce qui
nie ce qu'il n'est pas, et nier ce qu'on est pas est tracer les contours
à nuls autres pareils qu'on a en commun avec ce qu'on nie et dont
on est nié. Si la manière unique, irremplaçable, d'être ce qu'on est
ne consistait pas à n'être pas ce qu'on n'est pas, chacun aurait la
même manière que tous les autres d'être ce qu'il est, toutes les langues n'en feraient plus qu'une, toutes les œuvres qu'une œuvre,
tous les auteurs qu'un auteur, tous les êtres qu'un être. Or chacun
sait que le style est l'homme même, qui dit « je », qui imprime sa
griffe, immédiatement discernable entre toutes.

   L'idéal qui attire plus d'un, qu'il s'offre comme Dieu, la Patrie
ou la Révolution universelle, attrape donc non le créateur mais
n'importe qui. Au contraire c'est du statut de n'importe qui qu'est
retiré le créateur pour se voir élever à la dignité de celui par qui

ce qui n'était pas vient à exister, et comme cela vient à exister individuellement, irremplaçablement, cette seconde implication se révèle
n'être en vérité que la première mais décrite autrement, et dont ainsi
les contradictions s'effacent : être soi est revenir à ce dont on s'était
arraché, c'est être ce qu'on est devenu lorsqu'ayant été attiré par
un appel personnel et n'ayant trouvé au rendez-vous rien ni personne, on se retourne, fait demi-tour et revient se trouver façonné,
construit par l'aller et retour à l'issue de quoi, s'efforçant vainement de recouvrer son identité, on se découvre une ipséité, statut
de ce qu'on se trouve être au terme du retour. Ulysse n'est Ulysse
que revenu de Troie en Ithaque, reconnu par Pénélope et vainqueur
des prétendants. Contrairement à ce que suggère le sens commun,
il n'y a de créateur qu'après l'œuvre créée, comme Voltaire disait
que l'homme a rendu à Dieu le bénéfice de l'avoir tiré du néant.
Avant ses premiers poèmes, Mallarmé n'était qu'un surnuméraire
de l'Enregistrement ; Watteau avant ses premières esquisses qu'un
berger ; Einstein avant ses trois premiers *Mémoires* de 1905 qu'un
modeste ingénieur au Bureau des Recherches de Berne, Bachelard
avant de découvrir la science et la philosophie gagnait sa vie comme
surnuméraire des Postes.
   La troisième élucidation qui s'impose, dont dépendent les deux
premières, vise *ce qui* appelle le créateur à créer. La réponse vient
d'être suggérée puisqu'il est appelé, lui personnellement, à l'exclu-
sion de tout autre. De même que le retour de l'expérience créatrice
le promeut soi, de même à l'aller, à l'envol, s'il est appelé seul,
c'est que l'appel qu'il a entendu ne lui a été lancé par nul autre
que lui-même. Ce point mérite un instant d'attention.
   Dire que le poète, le savant, le philosophe ou le compositeur
est *appelé* suppose au verbe *appeler* un sujet. Aussi la tentation est-
elle grande de nommer ce sujet. Y céder, le nommer Dieu, Transcendance, Esprit Absolu, Être « parfait » ou « suprême », Inspiration, ou user de quelque désignation analogue, serait évidemment
renoncer à tout espoir d'élucidation. Nous ne pouvons en parler
qu'à l'aide de métaphores, de pro-noms, et le plus sûr serait d'imiter les algébristes, qui provisoirement nomment x l'inconnue, quittes
à « la remplacer par sa valeur » au moment que l'équation sera
résolue. Or nous disposons d'une meilleure méthode, que l'œuvre

nous suggère tout naturellement. Cette œuvre est personnelle, en elle s'exprime tout son créateur, et ne s'exprime rien que lui. En première approximation, le futur créateur serait donc appelé par sa propre création « profondément endormie dans l'avenir », comme l'écrit Valéry de la statue encore dans le marbre brut[1]. Mais comment peut-il être appelé par quelque chose qui n'existe pas ? La seule réponse est que cette œuvre existe, mais qu'exister n'est pas exclusivement ni nécessairement positif. La faim, la soif, la pulsion sexuelle, ce que les théologiens du XVIIe siècle nommaient *concupiscence*, existent à l'état négatif, ce sont des manques. Mais ces manques-là sont naturels, ils vibrent dans des réflexes, eux-mêmes ensevelis dans des réactions physico-chimiques et biologiques. Parties intégrantes de la nature, qui est, ils sont. Le manque que le futur créateur se croit mission de combler n'appartient pas à la nature, il relève de la culture, de la valeur, de l'histoire, bref de l'homme, ou pour user de termes n'impliquant pas l'appartenance à un ordre de la nature, tel les animaux vertébrés, mammifères, primates etc., il relève de la conscience, de l'intentionnalité, du *Da-Sein*, du projet « tel qu'il y va » dans sa projectualité de sa projectualité même, ou encore il ressortit à la différance. En un mot c'est *ce qui aura été* le soi — Hegel prononçait que l'essence est ce qui a été — et comme on avait rappelé avec Hegel que l'animal, en dévorant un autre animal ou s'accouplant avec lui ne désire que soi, le futur créateur, en consommant les œuvres des créateurs ses aînés, désire être créateur lui-même, ou plus exactement il vise à faire exister une œuvre, laquelle à son tour et par surcroît fera de lui un créateur.

S'il fallait absolument pour les commodités de l'investigation que nous usions d'un mot, par exemple *l'être*, pour désigner Ce qui l'appelle, ce serait à la double condition d'entendre l'être à la manière heideggerienne et de concevoir le rapport du créateur à ce qui l'inspire à la façon dont Leibniz définit chaque monade un miroir de l'univers : chacune « exprime » celui-ci à sa manière. Rappelons en effet que seul l'étant est, l'être n'est pas, il consiste seulement en le fait qu'il y ait, il est le « il y a » de ce qu'il y a, le

---

1. *Au sujet d'Adonis*, dans *Variété I* (Gallimard 1924, p. 62).

fait que ce qu'il y a soit « donné » (*es gibt*). Or chaque étant décrit par Leibniz, chaque monade se réduit à un point de vue singulier sur ce qu'il y a[2], c'est une manière unique, irremplaçable, de faire se déployer ce qu'il y a dans l'ouverture par où cela apparaît, et comme une infinité d'ouvertures possibles permettent de saisir et appréhender ce qu'il y a, le font en quelque sorte se déployer d'une infinité de manières possibles, ce qu'il y a s'offre comme une infinité de perspectives possibles[3]. Chaque point de vue adopté le constitue comme unique, lui donne un seul sens. Percevoir est saisir, appréhender cela même que constituent notre manière propre de percevoir et la situation à partir de laquelle nous percevons. Manquer est constituer cela même dont il y a manque, c'est exiger, faire en sorte que cela prenne la forme qui épousera les contours du vide à combler, c'est lui assigner *a priori* cette forme, comme selon Kant la sensibilité assigne *a priori* la condition spatiale et temporelle à tout ce qui s'offre dans une expérience possible. Ce dont le créateur manque et qu'il fait exister, comme tout à l'heure l'animal se faisait exister en dévorant un autre animal ou perpétuait leur espèce en s'y accouplant, c'est en quelque sorte lui-même[4], c'est son manque propre dont il inverse le signe, à la manière de l'algébriste. Ce qui conduit le créateur à créer n'est que la nécessité de construire le sens de ce qu'il y a pour que ce sens cesse de lui manquer, ne s'oppose plus à lui comme autre que soi. Tâche irréalisable, il y revient sans cesse, autant de fois qu'il y a de points sur une ligne, ses « œuvres complètes » n'en sont qu'une seule indéfiniment reprise, puisque l'être conçu comme le « il y a », comme le fait

2. « Le résultat de chaque vue de l'univers, comme regardé d'un certain endroit, est une substance qui exprime l'univers conformément à cette vue » (*Discours de Métaphysique*, § 14).

3. « Comme une même ville regardée de différents côtés paraît tout autre et est comme multipliée perspectivement, ...de même... il y a comme autant de différents univers » (*Monadologie*, § 57).

4. « Rien ne peut nous séduire, rien ne peut nous attirer, rien ne fait se dresser notre oreille, se fixer notre regard ; rien, par nous, n'est choisi dans la multitude des choses, et ne rend inégale notre âme, qui ne soit en quelque manière, ou préexistant dans notre être, ou attendu secrètement par notre nature » (P. VALÉRY, *Eupalinos*, ou *De l'Architecte*, Gallimard, 1924, p. 150-151).

que ce qu'il y a soit donné, se révèle inépuisable. Tendu et refermé sur lui comme s'il s'agissait de saisir et appréhender un étant, l'acte de percevoir, à bien plus forte raison l'acte de créer, se refermeraient sur du néant si ce qui s'offre à cette préhension n'était constitué précisément par elle.

Il y a là une propriété beaucoup plus générale, étudiée ici à propos de la création, mais qu'ailleurs[5] j'ai tenté d'élucider à propos de l'intentionnalité constituante et du langage. Percevoir, comprendre, donner sens, constituer, parler, c'est user d'un signifiant pour faire surgir un substitut comme signifié là où l'en soi se dérobait, n'offrait que du vide. La constitution est une substitution. Linguistique ou non, le signifiant signifie en substituant au référent le signifié, le signe en lui substituant sa signification. Le créateur ne procède pas autrement, il substitue à la page vide « que la blancheur défend », au marbre brut, aux portées ou à la toile vierges, sa propre image dans ce miroir infini que lui tend l'être en tant que possibilité infinie de dévoilement, et si son œuvre lui ressemble comme l'enfant à son procréateur, c'est qu'elle est cette image de lui-même non certes réalisée — elle n'est pas réalisable — mais portée au point de réalisation et de ressemblance où l'ont pu mener ses forces jusqu'à épuisement. Image, à vrai dire, de beaucoup plus que de lui-même, ou plus précisément *de ce qu'il ne savait pas être*[6], et à quoi il se promeut en essayant indéfiniment de réaliser ce que le monde tel qu'il le constitue en le percevant lui présente à la manière d'une surface réfléchissante.

Ces tentatives indéfiniment répétées pour réaliser un modèle que nous nous imposons à nous-même par le monde interposé, et qui tissent notre vie entière, ont été souvent décrites. Platon montre en toutes choses les copies grossières d'un εἶδος, et en les εἴδη les copies toujours imparfaites d'un Un qui se situe « au-delà-des essences ». Kant accorde que tous les actes d'un individu sont

---

5. Dans *Itinéraire du Sens*.

6. La vérité enfin révélée, le Narrateur éprouve « un sentiment de fatigue profonde lorsqu'il découvre que « tout ce temps... vécu, pensé, secrété » lui apparaît, écrit-il, une « dimension énorme que je ne savais pas avoir » (*Le Temps Retrouvé*, Tome II, p. 253).

« absolument enchaînés » par un déterminisme causal « suivant les lois de la nature », mais ajoute aussitôt que leur ensemble considéré comme une totalité procède d'un « caractère intelligible », nouménal, commencement radical, en un mot sa liberté, comme en porte témoignage son devoir, toujours catégoriquement impératif mais jamais réellement accompli. Schopenhauer illustre avec éclat le caractère intelligible kantien grâce à la maxime scolastique *operari sequitur esse* : « Tel tu es [au-de-là ou au-dessus des phénomènes] tels seront tes actes »[7]. Leibniz avait déjà prononcé que « tous nos phénomènes », c'est-à-dire tout ce qui peut jamais nous arriver, ne sont que des « suites de notre être »[8]. Proposant une « psychanalyse existentielle », Sartre rend compte de la totalité qu'est quiconque, ni décomposable par soustraction ni recomposable par addition, grâce au « choix d'un caractère intelligible » qui n'est pas nouménal mais qu'il nomme « projet d'être » ou « choix ultime », exprimé « tout entier dans la plus insignifiante et la plus superficielle de [nos] conduites », si bien « qu'il n'est pas un goût, un tic, un acte humain qui n'[en] soit révélateur ». C'est ce projet fondamental, ce caractère intelligible, cet archétype, que chacun recèle et ignore au fond de soi mais que confusément il perçoit reflété dans le monde qui l'environne parce qu'il l'a constitué, lui a donné sens, c'est cette vérité de lui-même dont le monde lui présente un miroir, que le futur créateur a tâche de réaliser, qui lui apparaît sa création future à la manière d'une mission à remplir. A ses yeux c'est par excellence son Autre à transformer en soi par passage de la puissance à l'acte.

On conçoit donc aisément que l'œuvre à créer, en laquelle consiste cette actualisation, ne parvienne jamais à son achèvement. Toutes nos manières d'être-dans-le-monde, et plus particulièrement celles de quiconque essaie de créer, ont en effet ceci de commun que de l'univers, qui est objectif, elles font ou tendent à faire un monde qui soit perspectif, c'est-à-dire un décor, cruel, morne, joyeux, terrifiant ou caressant, dans lequel le rapport des choses à la conscience qu'il y en a soit magique. Le monde du rêve, celui de la folie,

---

7. Dans *Le Fondement de la Morale*, trad. par A. Burdeau, Alcan 1907, p. 83.

8. *Discours de Métaphysique*, § 14.

celui des émotions, celui des affaires, ceux de la physique, de la politique etc. ne sont pas un en-soi neutre sur la surface duquel nos manières d'y être traceraient des formes et déposeraient des couleurs. Le monde est ce que nous constituons par l'acte même qui lui donne sens, et cet acte est nôtre, individuel, créateur. Tous les hommes sont donc créateurs en droit, virtuellement, et puisque ce qu'ils créent est le monde, tous les hommes sont des dieux. Mais seuls s'érigent effectivement dieux créateurs de mondes qui n'existaient pas ceux qui ont actualisé cette virtualité. Voilà pour la conception. Restent la naissance et l'accomplissement.

Si en effet ce qu'on nomme le *soi* et qui dit *je*, loin de se situer avant l'œuvre, résulte de celle-ci comme d'une *vis a tergo*, ou plutôt n'accède jamais à la plénitude du résultat, demeurant toujours à distance infranchissable,

Mes bras tendent toujours l'insatiable port !

c'est que l'œuvre qui l'a fait son propre créateur n'en finit jamais de s'arracher au néant.

En quoi consiste cet arrachement ? Comment s'en présente le processus ? Nous ne parviendrons à l'entrevoir qu'à partir d'une structure jusqu'ici passée sous silence parce qu'elle allait de soi et pour la commodité de l'exposé, mais sur laquelle maintenant il est urgent de se fonder parce qu'elle est à la croissance de l'œuvre ce que le patrimoine génétique est à celle de l'organisme.

L'œuvre une fois conçue, ce qui l'arrache au néant et la fait croître jusqu'à son plein épanouissement est l'ensemble des rapports, dont elle est tressée, entre des signes et ce qu'ils signifient, plus précisément entre signifiants et signifiés. Créer, par essence, c'est substituer aux rapports déjà formés entre signes et significations, et vus de plus près, entre signifiants et signifiés, des rapports neufs, une nouvelle façon d'exprimer. Chaque génération apporte avec elle une nouvelle manière de signifier, dans toutes les disciplines, spéculatives ou utilitaires, dans tous les arts, toutes les techniques. A elle seule la naissance de langues nouvelles à partir des précédentes qui tombent progressivement au rang de langues mortes — ou mort-vivantes, comme l'arabe littéraire — suffit à mesurer l'immensité du champ des œuvres éternellement en cours de création.

Pour observer cette production de signes et de significations qui crée sans trève, il nous faut évidemment disposer sur elle d'un observatoire extérieur, en l'occurrence une production de signes et de significations qui ne crée rien. Il se trouve que nous en disposons depuis peu : c'est l'informatique, et à travers celle-ci, l'informatisation. En traçant les limites de l'informatisable, *ipso facto* on devrait dessiner les contours de ce qui ne l'est pas, et par là définir la manière dont toute création utilise les signes et leurs significations pour produire l'œuvre.

CHAPITRE V
LES DEUX SOURCES DE LA CRÉATION

Informatiser consiste, on le sait, à traiter automatiquement toutes les informations qui s'y prêtent, entendant par *information* tout élément ou système d'éléments qui peut être transmis par un signal ou un système de signaux : le langage et tous les autres codes, éthiques, religieux, juridiques, sociaux, logiques, scientifiques, techniques, matrimoniaux, alimentaires, économiques etc. sur lesquels est fondée la communication des sociétés avec elles-mêmes et entre elles, bref l'immense domaine de la sémiologie. Une culture est donc informatisable dans la mesure où l'est le système des signes par quoi elle communique avec elle-même et avec les autres, c'est-à-dire dans la mesure où les informations que véhicule ce système de signes se prêtent au traitement automatique. N'est donc informatisable dans une culture que ce qui en est automatisable, c'est-à-dire tout sauf l'essentiel, tous ces quatre vingt dix neuf centièmes qu'on peut imiter, reproduire, transcrire, traduire, transmettre, coder, codifier, mécaniser. Ne l'est pas, résiste, ce centième en lequel réside l'essentiel. En quoi consiste-t-il ?

Précisément en cet acte libre par excellence qu'est la création, par lequel ce qui est vient à n'être plus pendant que ce qui n'est pas encore vient à être, de telle sorte que ce qui n'est plus soit par la création nié, certes, et dépassé, mais conservé, promu dans ce qui vient à être : ce sol autrefois inculte et sauvage dans ce champ de blé ou cette construction ; ce papier blanc et ces signes noirs sans ordre dans cette sonate ou ce poème. Nier ainsi dialectiquement la réalité en réalisant le projet qui la dépasse, aucune tentative d'informatisation n'y parviendra. Contre-épreuve significative : non créateur, le comportement animal est informatisable de part en part, sans reste, et c'est à ce point qu'inversement on prévoit de construire des ordinateurs biologiques, utilisant quelque chose comme l'A.D.N.[1].

Mais cette première réponse ne livre encore que l'apparence de la création, ce qu'on en voit de l'extérieur. On n'a point encore avancé d'un pas tant qu'on n'a pas dit ce qu'elle est intrinsèquement, c'est-à-dire ce que crée le créateur. Écartons le mythe d'une création *ex nihilo*, bien significativement le privilège de Dieu, pour ne considérer que le seul créateur dont il y ait expérience, l'homme, qui crée mais non de rien. Il convient ici de rappeler la grande découverte de Platon : le néant *en soi* n'est ni concevable ni exprimable, il n'y a de non-être que relatif, le non-ceci, le non-cela[2]. A la fois être-dans-le-monde et négativité incarnée, l'homme est « celui qui nie », mais il lui faut bien nier quelque chose, puisque sinon ce ne serait nier rien qui lui opposât une résistance créatrice, on ne sculpte, n'écrit ni ne compose dans le vide. Il nie des étants pour en faire surgir d'autres, il nie ceci pour faire surgir cela, le même pour lui substituer l'autre, sans que la somme de réalité à partir de laquelle il crée s'en trouve accrue ou diminuée, elle n'en est que distribuée autrement. « Néantisation » toujours à l'œuvre, il nie, par exemple, cette toile ou ce papier blancs pour faire exister ces formes, ces couleurs, ces sonorités ou ces phrases. Ainsi de lui surgit perpétuellement une nouvelle structuration de ce qui est, en un mot *du sens*, l'homme est l'être par qui continuellement du sens vient à exister, ou si l'on veut, l'être qui sans cesse transforme l'univers en monde.

Mais il n'y a pas de sens qui ne soit véhiculé par des signes ; mieux vaut donc dire que l'homme est un être par qui vient continuellement à exister de la signification. Non qu'il lui appartienne

---

1. Cf. la conférence de Lewis Branscomb, directeur scientifique d'I.B.M., publiée dans la revue américaine *Science* au début de 1979 et résumée dans *Le Monde* du 18 avril 1979.

2. Cf. Le *Sophiste*, 238 c, 258 ac etc.

souverainement d'en faire exister ou de s'y refuser selon son bon plaisir, mais parce qu'exister consiste pour lui à secréter de la signification. Ce n'est pas par accident ou par l'effet discontinu de décisions successives, c'est son essence, qu'il le veuille ou non. Le moindre de ses comportements signifie, exister et signifier, pour lui, sont indiscernables. Aucun contact entre l'homme et les choses ne peut donc avoir lieu sans la médiation des signes, comme l'a bien montré Benveniste. Tandis qu'entre l'animal et son environnement le contact est immédiat, direct, ou mieux encore il n'y a même pas de séparation puisque l'animal et son comportement font partie de la nature, au contraire l'homme s'arrache à la nature pour constituer au-dessus d'elle et autour de lui une seconde nature, qui d'abord lui paraît surnaturelle, et qui est faite entièrement de signes : la culture, la civilisation, les valeurs, l'histoire.

C'est seulement à travers cette « forêt de symboles », puisqu'il en est de toutes parts environné, il en est le centre générateur, que quoi que ce soit peut lui apparaître, à commencer par la nature et sa propre insertion en elle. Séparé de tout et jusque de lui-même par cette constante « présence de choses absentes », il ne peut bénéficier de cette coïncidence absolue avec soi, de cette immobile identité qui caractérise les êtres naturels. Exister, pour lui, c'est n'être en relation avec soi-même que comme il l'est avec autrui, et d'ailleurs avec tout : par des signes.

Créer ne peut donc consister pour lui, à partir des signifiants dont il dispose mais en les articulant et les ordonnant autrement, qu'à obtenir des signifiés neufs ; et parmi tous les systèmes de signes indissociablement liés entre eux qui surgissent de lui sans cesse pour constituer autour de lui le monde, celui qui lui offre la plus grande diversité de combinaisons possibles, les plus spectaculaires possibilités de création, c'est évidemment le langage, quand ce ne serait d'abord que sous la forme des langues « naturelles » puisque toutes consistent à passer sans cesse d'un nombre fini de signes à une infinité de significations. Créer, c'est d'abord innover dans sa propre langue, c'est parler, et nul ne parle, même pour exprimer les sens les plus rudimentaires, qu'il ne reprenne à son compte les mots des autres pour signifier des choses neuves, même pour lui : « mes paroles me surprennent moi-même et m'enseignent ma pensée...

J'exprime lorsque, utilisant tous ces instruments déjà parlants [les mots français, les modes d'expression déjà existant], je leur fais dire quelque chose qu'ils n'ont jamais dit »[3] Mais regardons-y mieux, voyons à l'œuvre la langue. Les linguistes reconnaissent à tout système de signes, et surtout à toute langue, diverses fonctions, dont deux sont essentielles, la fonction référentielle, qui consiste à transmettre à propos de l'objet décrit une information vraie, objective, et la fonction émotive, qui transmet à propos de l'objet décrit une impression subjective. Or la maîtrise des signes et donc la vocation de chaque langue à l'universalité s'accroissent quand la fonction référentielle et la fonction émotive acquièrent chacune plus d'autonomie. Plus chacune s'élève dans l'indépendance, plus librement le projet de communiquer peut doser leur mélange. Déjà Diderot avait montré qu'un acteur parvient d'autant mieux à émouvoir que l'émotion l'a quitté, lui laissant tout le loisir de perfectionner et de contrôler dans sa glace, froide comme lui, la mimique qui va faire sangloter. Aussi longtemps que la fonction émotive et la fonction référentielle demeurent indiscernées, qu'ensemble et indistinctement tout signifiant exprime toutes sortes de signifiés pendant que tout signifié peut passer par toutes sortes de signifiants, une foule de systèmes se superposent dont chacun recourt simultanément à plusieurs codes, c'est le règne de la polysémie vécue, de l'analogie, sous lequel « chercher le sens, c'est mettre à jour ce qui se ressemble. Chercher la loi des signes, c'est découvrir les choses qui sont semblables »[4]. Ainsi fonctionne la pensée archaïque, populaire, qui institue entre les participants moins une véritable communication qu'une communion ; vivre au même rythme, ne faire qu'un, c'est alors célébrer un mystère, ce qu'accomplissent les formes collectives de participation, spectacles, rites, danses, harangues, évocations etc., ou initier à ce mystère, ce dont se chargent les innombrables mantiques. En régime totalement polysémique, nul ne peut disposer en maître d'un sens puisque nul ne peut l'isoler des autres sens que celui-ci traîne après lui. La pensée sauvage ne perçoit rien qui ne soit mêlé ; le sol, le ciel, les échan-

3. M. MERLEAU-PONTY, *Signes*, pp. 111 et 113.

4. Michel FOUCAULT, *Les mots et les choses*, p. 44.

ges, les choses, les événements, tout est intégré à une vision ésotérique du monde, tout est sacré, mythique, symbolique : « la pensée archaïque ordonne l'univers autour du principe général d'analogie, qui implique un système de correspondance entre tous les composants du monde... L'objet est toujours plus ou moins subjectivé »[5], tout est peuplé, animé d'intentions, de présences efficaces, d'actions à distance.

Au contraire, quand avec la science grecque, puis le droit romain[6], enfin l'industrie européenne apparaissent les divers codes logiques, épistémologiques, techniques, juridiques etc., ils font surgir et définissent une région d'où toute fonction iconique est soigneusement éliminée. Désormais il y aura deux régions, l'une où règneront sans partage les signes monosémiques de l'intelligibilité objective c'est-à-dire les codes, où tout nouveau terme sera soigneusement défini en fonction de ses rapports avec les autres (c'est là qu'un jour naîtra l'informatique), l'autre où continueront à se mêler inextricablement les signes polysémiques de l'expression subjective, c'est-à-dire les langues « naturelles », où le sens de chaque terme nouveau n'est qu'impliqué dans la situation qui permet à chaque locuteur de l'interpréter selon sa sensibilité personnelle ou, comme disent les linguistes, de le motiver. C'est précisément parce qu'ainsi les signes monosémique de l'intelligibilité objective et les signes polysémiques de l'expressivité subjective sont répartis entre deux registres parfaitement distincts qu'une collectivité historique à la disposition de laquelle ils sont offerts comme des objets peut à volonté

5. J. POIRIER, *Problèmes d'Ethnologie économique*, dans *Éthnologie Générale* (Gallimard), p. 1556.

6. Le droit romain est né précisément d'un tenace effort pour arracher, isoler, purifier le contrat du système syncrétique de « prestations totales » (Marcel Mauss) où il gisait enfoui. C'est seulement quand l'obligation de s'acquitter a été contractualisée selon un code définissant quantitativement les valeurs échangées, que les obligations d'accepter et de donner ont été dissociées. Les signes monosémiques du juridique et les signes polysémiques de la « prestation totale », désormais répartis entre deux registres distincts, ont alors permis de fonder le droit : « Dans aucune autre partie du monde on ne trouve une quelconque analogie avec ce phénomène. Les essais d'une pensée juridique rationnelle de l'école indoue de Mimâsâ et les efforts des penseurs islamiques pour faire progresser la pensée juridique antique n'ont pu empêcher la contamination de leur pensée juridique rationnelle par des formes de pensée théologique » (Max WEBER, *Politik als Beruf*, 1919).

puiser dans l'un et l'autre pour produire toutes les combinaisons de sens possibles, c'est-à-dire pour créer. Une œuvre qui comme celle de Bachelard puise alternativement dans l'un et l'autre apparaît extrêmement représentative de cette situation.

On peut en citer d'innombrables exemples. Sont réflexives, créatrices, imitées, les cultures qui disposent au sein d'elles-mêmes — et sont réfléchies, imitatrices, celles qui ne disposent pas — d'un champ sémiologique rigoureusement nettoyé de toute polysémie, parce que seul l'usage de celui-ci permet cette préalable analyse des sens qui ensuite conditionne absolument leur synthèse, laquelle est par définition constituante, élaboratrice de modèles neufs. C'est après que Lavoisier eût pour la première fois isolé l'oxygène simultanément de l'air et d'un oxyde mercurique, puis reconnu en lui non de l'« air déphlogistiqué » mais un corps simple, que la chimie, née là et refoulant désormais l'alchimie dans les mantiques, s'est trouvée enfin dotée du pouvoir qui lui permettrait un jour de créer des corps nouveaux, non seulement de nouveaux composés en variant à l'infini la combinaison des éléments, mais jusqu'à ces nouveaux corps simples que sont les transuraniens. C'est seulement du jour où grâce à F. Schlegel, Jacob Grimm, Zeuss, Schleicher, Burnouf, Fr. Pott etc. mais surtout à Franz Bopp le langage est devenu pour les sujets parlant et écrivant non plus seulement leur propre subjectivité affleurant à la surface de la parole ou de l'écriture mais un objet, c'est-à-dire un champ d'investigation scientifique, qu'ont été rendues possibles la révolution symboliste, d'où est sortie avec Mallarmé la poésie moderne ; la révolution mathématique, d'où sont sortis tant de définitions et d'axiomes radicalement nouveaux avec Lobatchevsky, Galois, Riemann, Cantor, le groupe Bourbaki etc. C'est du jour où la photographie s'est chargée de représenter objectivement les choses, « délivrant la peinture »[7], qu'a éclaté avec Manet la révolution picturale d'où est sortie la peinture non figurative, chaque peintre pouvant désormais choisir à son gré dans la photographie et dans son imagination pour en combiner librement les apports, comme ont fait par exemples Utrillo et Max Ernst, et plus généralement dans le figuratif et le non figuratif, comme on fait chaque jour.

7. Jean COCTEAU, dans *Opium*.

Mais il faut remonter antérieurement : c'est du jour où les signes écrits ont cessé de constituer le privilège d'une poignée de clercs pour devenir cet objet universel qu'est le papier imprimé que la culture s'est évadée de l'ouï-dire pour se constituer à la fois objective et collective. Plus antérieurement encore, c'est seulement quand les signes n'ont plus dépendu entièrement de la subjectivité des sujets parlant ou gesticulant parce qu'à travers l'écriture ils venaient d'acquérir l'objectivité matérielle, que la culture est sortie de la vie embryonnaire, qu'elle est née. Les nomothètes qui ont inventé succesivement l'écriture, l'alphabet, l'imprimerie et la science ont chaque fois élevé la culture de ceux qui en useraient vers la dignité de culture réflexive, et *ipso facto* montré désormais stagnante au rang de culture réfléchie celle des collectivités qui n'en useraient pas.

D'où une hiérarchie entre cultures : chaque nouveau degré de séparation entre polysémie et monosémie marque un nouveau progrès vers la liberté d'employer l'une et l'autre à se féconder mutuellement pour faire naître de nouveaux modèles, de nouvelles valeurs, de nouvelles créations ; celui de ces degrés où s'est arrêtée une culture trace dans l'espace géographique et l'espace social la situation à la fois historique et hiérarchique de la collectivité qui l'a élaborée.

De là une nouvelle lumière jetée sur la création : sont créatrices, culturantes, les régions de la culture qu'on a pu doter d'un champ sémiologique rigoureusement nettoyé de toute polysémie, tandis que sont imitatrices, culturées, les régions qui n'en disposent pas, parce que seule la possibilité de choisir entre monosémie et polysémie permet de conduire toutes les combinaisons de sens possibles, c'est-à-dire de créer.

Ce pouvoir permanent de choisir entre diverses combinaisons possibles n'a pas attendu, pour apparaître et s'exercer, que surgît un champ de monosémie pure. Les langues « naturelles » ne sont polysémiques que par composition. Décomposées par la grammaire en les innombrables codes superposés, mêlés, dont elles ne sont que des agrégats historiques, elles se laissent réduire à une juxtaposition de codes monosémiques[8] entre lesquels à tout moment chaque

---

8. Quelques flexions verbales présentent les traces de cette superposition, analogue aux sédiments géologiques. *Ambulare* (aller et venir autour, entourer), *ire* (se diriger vers...) et *vadere* (s'avancer contre... ou à travers..., à grands pas) apparaissent dans la conjugaison du français *aller*.

locuteur choisit, tirant çà et là de l'un ou de l'autre ces combinaisons spontanées de sens, de son, parfois des deux, ces métaphores, métonymies, allégories, anacoluthes, ellipses, allusions, litotes, ces hyperboles, inversions, antithèses, ces analogies, périphrases, syllepses, ces tournures, allitérations, assonances, balancements etc. dont l'ensemble choisi par lui le révèle, constitue son *style*.

Cette incessante création spontanée, à l'œuvre chez tous, est vécue, inconsciente, collective, tandis que la combinaison entre monosémie et polysémie est voulue, consciente, individuelle. Dès lors apparaissent clairement les domaines respectifs de la création et de l'informatisable. Est informatisable en droit (et constituera en fait l'informatisé quand la mécanisation permettra d'automatiser l'information) tout le champ du monosémique. Relève de la création, toute combinaison, vécue ou voulue, inconsciente ou consciente, collective ou individuelle, au sein du polysémique ou entre polysémie et monosémie, qui de la façon dont elle combine fait surgir un sens nouveau. A l'envisager ainsi, l'informatique apparaît simplement le champ unifié de tous les codes monosémiques lorsque l'a unifié l'automatisation. La réponse à la question posée paraît donc simple : ce qui dans une culture résiste à l'informatisation est la création de sens, soit spontanée au sein de la polysémie vécue, soit délibérée par choix de combinaisons neuves entre éléments monosémiques et polysémiques.

La polysémie vécue, l'indiscernement archaïque entre fonction émotive et fonction référentielle, constitue ce qu'en langage husserlien il faudrait nommer l'« attitude naturelle », et ce n'est pas par hasard si l'usage désigne la langue maternelle comme naturelle, comme « la mienne ». C'est l'homologue langagier de ce qu'on entendait tout à l'heure par le « *soi* ». Construite en forme de code, la monosémie, visant à maîtriser l'intelligibilité objective et par là l'universel en vue d'édifier une *mathesis universalis*, apparaît *l'autre*. Ici encore, créer du sens consiste à combiner le soi avec l'autre en vue de leur synthèse, combinaisons d'autant plus complexes et instables que les langues « naturelles », elles-mêmes agrégats historiques de codes monosémiques dont l'intime mélange constitue la polysémie vécue, atteignent déjà un premier degré de cette synthèse. Le locuteur s'en tient à ce premier degré. Le créateur en procède pour combiner polysémie vécue et monosémie abstraite en vue d'engendrer de nouveaux rapports entre signes et significations, lesquels feront de l'œuvre un autre qui ne cesse d'être soi.

Mais il ne suffit pas de dire ce qu'est la création de sens. Reste à désigner *qui* crée du sens, et donc qui est capable de contenir, peut-être même de faire reculer la menace d'informatisation totale. La réponse réside dans la question même, plus précisément dans le mot-clef de cette question : créer est le fait de celui que désigne le radical grec *gen-*, à partir duquel procèdent en grec, latin, français et d'autres langues romanes tous les mots désignant l'engendrement, l'acte d'amener à l'existence ou d'enrichir celle-ci (γένεσις, *genium*, genre, génie, gène, générosité etc.)[9]. *Génie* a été adopté par la langue commune, héritière ici du romantisme, pour désigner la création vraie, authentique, par opposition au *talent*, vélléité créatrice qui demeure irréalisée, stérile, sur le modèle des *talents* de l'Évangile (*Mathieu*, XXV, 14-30). Le génie est celui qui engendre, et en effet, de même que chaque couple procréateur fait exister un individu neuf par réassortiment de deux programmes génétiques combinés, ce qui permet à l'évolution de susciter une infinité de variations individuelles et par là de porter à l'infini le nombre des manières possibles de percevoir et de réagir, comme l'a montré François Jacob, de même tout créateur réassortit par combinaison entre eux des éléments empruntés simultanément soit à deux codes au sein de la polysémie vécue, soit au champ polysémique et au champ monosémique.

Dans le premier cas s'exerce le génie collectif, sa création est vécue, inconsciente ou fugitivement consciente, elle a été décrite par Herder, Humboldt et les comparatistes ; sa manifestation la plus célèbre est ce qu'on nomme le génie des langues, qui par exemple a tiré du latin les langues romanes, ou du germanique l'anglais, l'allemand, le danois ; ou du celtique le breton, le gaulois, l'irlandais, etc. Sa manifestation la plus répandue, d'ailleurs sous-jacente au génie des langues, est le parler populaire, singulièrement l'argot, inépuisable création d'images et de mots. Le second est celui des créateurs individuels, et singulièrement des *poètes* au sens premier

---

9. Cf. *supra*, note 14 de la p. 36.

de ce mot, qui précisément signifie *créateurs*[10]. Dans le premier cas le génie créateur est indestructible puisqu'il se nourrit de ce qui justement vise à le détruire ; dans le second cas il est vulnérable, toujours menacé, souvent paralysé jusqu'à l'anéantissement, parce qu'il héberge au plus intime de lui-même sa propre destruction.

En tout temps et en tout lieu où il y a commandement et obéissance c'est-à-dire en toute société, l'argot apparaît parce qu'il est la langue de la protestation et de la contestation, celle qui jaillit d'en bas contre la pression qu'exerce de haut en bas la hiérarchie sociale. Nommer les choses autrement que l'exigent la langue d'en haut, le beau parler, l'ensemble des codes propres aux dirigeants, à bien plus forte raison décrire et fixer par images des états et des situations qu'ignorent ou que réprouvent ceux d'en haut, c'est déjà subvertir l'ordre établi ; au moins verbalement c'est déjà lui en substituer un autre. Langue des « classes laborieuses, classes dangereuses », parler de la rue, de l'usine, de la mine, de la prison, du bidonville, sont à l'œuvre là où il y a des interdits, donc à transgresser.

Hugo a bien décrit cet inépuisable pouvoir de renouvellement, cette « création directe des mots », surtout de « mots immédiats, créés de toutes pièces..., sans étymologie, sans analogies, sans dérivés »[11] métaphores vives à l'état naissant, significations cryptées dans le

---

10. Le voyageur qui perçoit à partir de son wagon le passage du train sur un pont métallique reçoit et peut transmettre des informations qui en rendent compte. Le poète qui donne à ces informations une valeur poétique en ordonnant autrement les expressions du perçu, les mots, la syntaxe, livre toute la différence qu'il y a entre contenu et forme, entre information et création. Le train « dévore toutes choses visibles, agite toutes choses mentales, attaque brutalement de sa masse la figure de ce monde, envoie au diable maisons, buissons, provinces ; couche les arbres, perce les arches, expédie les poteaux, rabat rudement après soi toutes les lignes qu'il traverse, canaux, sillons, chemins ; il change les ponts en tonnerre, les vaches en projectiles, et la structure caillouteuse de sa voie en un tapis de trajectoires » (P. VALÉRY, *Variété II*, Gallimard, 1940, p. 20).

11. V. HUGO, *Les Misérables*, *Quatrième Partie*, Livre VII (éd. Hetzel) p. 222-223. Au-delà des objections faciles que soulèverait aujourd'hui cette thèse d'une création argotique directe, immédiate, *ex nihilo*, sans étymologie ni dérivés, il reste qu'entre l'argot et la création poétique le rapport saute aux yeux. Quiconque a eu le bonheur d'écouter les merveilleux propos de Léon-Paul Fargue peut en témoigner.

feu des régions maudites, fusion sans trève de radicaux et d'affixes à cette très haute température d'où surgissent — comme l'or de Cagliostro ou les diamants de Moissan — les combinaisons les plus audacieuses. Le paradoxe de cette création-là est que cela même qui sans cesse la comprime, cette indestructible hiérarchie des savants, des puissants, des riches, des manieurs de concepts, est précisément à la fois ce qui en attise et en alimente sans cesse la combustion et, plus encore, ce qui en dévore et toujours en exige plus avidement les produits à mesure qu'ils apparaissent. Un peu comme les disciplines axiomatiques du type logico-mathématique se nourrissent par en bas d'intuition, le parler correct, le beau langage s'étioleraient vite et mourraient bientôt si continuellement ne venaient les alimenter d'en bas ces mots crus, ces images violentes, ces tournures populaires qu'ils condamnent avec dégoût mais dont en secret ils se nourrissent chaque jour. La date et l'origine en font foi, et pour n'en citer qu'un célèbre exemple, le français correct *bouche* procède non de son équivalent latin *os, oris* mais du latin *bucca* (joue gonflée) hérité par l'argot gallo-romain pour signifier *gueule*. Quels que soient les régimes politiques et aussi longtemps qu'il y aura des interdictions, cette source-là d'ininformatisable ne tarira jamais.

L'autre, celle des créateurs individuels, tarit presqu'aussitôt apparue, tant la dessèche de l'intérieur l'angoisse créatrice. Il faut distinguer ici entre l'homme et les hommes, c'est-à-dire entre cet immense pouvoir qu'a l'homme de créer, d'une part, et d'autre part l'usage qu'en font l'immense majorité des hommes en effet ; car créer, donc exercer sa liberté, c'est choisir l'angoisse, puisque c'est décider de remettre en question ce qui est à partir d'une négation au moins virtuelle de la réalité, et qu'on ne peut mettre en question ce qui est sans s'inclure personnellement dans ce vertige. D'où, pour y échapper, la fascination du répétitif, cette fausse image de l'infini : à exécuter sans cesse des tâches toutes programmées et toujours les mêmes, du moins échange-t-on l'angoisse d'avoir à faire exister ce qui n'existe pas[12] contre l'abrutissement de répéter indéfiniment les mêmes gestes, dispensateur du merveilleux oubli.

12. Une des formes les plus illustres de cette angoisse est l'obsession mallarméenne du « vide papier que la blancheur défend ». Francis Viélé-Griffin a conté

Oubli de soi dans la famille, le métier, les soucis quotidiens, l'engagement politique ou religieux, bref dans le divertissement, « la pire de nos misères ». Les non-créateurs ne sont pas seuls à s'y livrer. Ceux que torture la création, combien de fois s'en délivrent-ils en s'administrant l'un quelconque de ces anesthésiques, ou à défaut, en s'arrachant à eux-mêmes par l'alcool, ou plus récemment la drogue ?

Encore s'ils n'avaient à combattre que l'angoisse de créer ! Ce n'est pas seulement dans les sociétés archaïques que la plus insignifiante atteinte aux traditions attire aussitôt les sanctions les plus violentes. Tout vrai poète (et ici encore il faut entendre ce mot selon son origine étymologique) est maudit. Comme l'exprime bien le titre du poème inaugurant le recueil de Mallarmé, le guignon est son lot.

En proie à tant de menaces, dévastée par ceux-là mêmes en qui elle s'ouvre, c'est miracle permanent si la source individuelle de création ne tarit jamais. Tandis qu'en bas la source collective est intarissable puisque l'excite sans cesse à jaillir la pression de l'ordre social, en haut la source individuelle apparaît perpétuellement sur le point de s'épuiser. Jamais elle ne s'assèche, certes, l'essence même de la condition humaine, comme l'a écrit Michel Tournier, est de créer. Mais tandis que d'en bas monte incessamment vers le haut l'énorme marée de la création populaire, d'en haut ne ruissellent vers le bas que les très minces filets du tout petit nombre, poètes, philosophes, savants, musiciens, peintres, qui de génération en génération s'épuisent à faire exister du sens neuf. D'en bas monte tumultueusement la quantité ; d'en haut descend sinueusement la qualité, comme chez la plante toute la croissance procède du méristème. C'est entre ces deux progressions de sens contraires, venues des extrêmes, que s'étend l'immense région de l'informatisable, demain ou après-demain effectivement informatisée.

Elle y passera, c'est certain ; mais rien ne tarira jamais, aux extrêmes, les deux sources de la création.

à André Rolland de Renéville, à ce propos, une anecdote significative, rapportée dans *L'Expérience Poétique* (Gallimard, p. 44) ; du mot *Quel*, Mallarmé murmurait : « Je n'ose même plus leur écrire cela, car je leur en livre trop ».

CHAPITRE VI
LE SENS ET LE SON

Les œuvres qui jusqu'ici nous ont le plus occupé étaient tissées de prose. Romanciers, philosophes, auteurs de théâtre, savants, souvent même les mystiques, usent du langage comme d'un moyen, ce qui est la définition de la prose. Qu'est-ce donc que la poésie, et que sont ces arts qui n'utilisent même plus de mots, la peinture, la sculpture, la musique ?

Rappelons d'abord que la poésie, la peinture et la musique sont nées avant la prose littéraire. Épopée, hymnes, lyrisme chantant les dieux, les héros, la nature, l'amour, la mort, ont précédé l'emploi des mots visant à désigner des choses objectivement, comme si la fonction référentielle d'abord occultée par les autres fonctions symboliques, avait tardé à s'ériger art, empêchée qu'elle en eût été par la séparation entre le signe linguistique comme moyen d'exprimer ce qu'il exprime et ce même signe comme fin ; depuis que les symbolistes ont inventé le vers libre, le mot qu'utilisent en commun le poète et le prosateur permet que la poésie soit écrite en prose et que la prose ne se cache plus d'être poétique. La différence est seulement que le prosateur se sert des mots pour aller droit aux choses tandis que le poète se détourne des choses ou les utilise pour servir les mots.

A l'origine tous les signes, linguistiques ou non, étaient magiques ou religieux ; ils servaient l'action à distance, leur fonction était incantatoire et nos actuelles différenciations n'étaient même pas soupçonnables. Gestes, paroles, chants, danses et figures rupestres concouraient à maîtriser l'environnement céleste ou terrestre. Entre la représentation et ce qu'elle représente il y avait plus qu'une relation, il y avait identité, l'animal figuré sur une paroi rocheuse et percé de flèches *était* l'animal s'ébattant hors de portée dont il était chargé de tenir lieu, comme l'être est l'être. C'est progressivement que se sont séparés le signe et la chose signifiée, celle-ci s'érigeant l'objectif à atteindre, dont celui-là demeurât seulement l'instrument pour l'atteindre. Cette distribution entre moyen et fin consacre l'émergence de la fonction référentielle, de la prose objective, et finalement des codes monosémiques qu'emploient sciences et techniques. C'est ce régime que j'ai tenté de décrire *grosso modo* dans les pages qui précèdent.

Dans les autres œuvres, poétiques, picturales, musicales etc., le signe est resté adhérent à la chose signifiée, le moyen au but, ou plutôt il n'y a même pas eu différenciation, le compositeur ne désigne rien, sa musique n'est le moyen que d'elle-même ; le peintre ne « représente » pas la chose peinte, sa peinture ne sert qu'à être sa peinture, elle s'érige la fin en soi dont elle est son propre moyen. Le langage « reproduit la réalité », sa fonction est d'« établir un rapport de signification entre quelque chose et quelque chose d'autre »[1] ; l'œuvre d'art ne renvoie qu'à elle-même, le monde des arts est la cité des fins.

Mais entre la prose inélaborée ou scientifique, instrument de la fonction référentielle pure, et les arts devenus ou demeurés fins en soi, il y a place pour un art qui utilise les mots de la prose et qui cependant ne renvoie qu'à soi : la poésie. Plus précisément : entre le langage parlé pour désigner les choses, et la musique ou la peinture, s'exerce une activité qui tient à la fois du langage et de l'art, c'est la prose élaborée, littéraire, ou prose poétique, dont la poésie ne se distingue — ou longtemps ne se distingua — que par l'emploi du vers. Encore Mallarmé observait-il que « toute tentative d'amélioration du style est déjà un commencement de versification ». Cette médiation permettrait-elle de prendre sur toutes

---

1. E. Benveniste, *Problèmes de Linguistique Générale* (Gallimard) I, p. 25. Ailleurs il écrit que l'essence du signe est « de représenter, de prendre la place d'autre chose en l'évoquant à titre de substitut » (*ibid.*, p. 51).

les œuvres le recul qu'il faut pour en saisir l'essence à travers l'extraordinaire variété des genres et des espèces ?

Seul art autre que la prose à utiliser des mots, la poésie tranche sur la prose en ce que la fonction référentielle exercée par les signes linguistiques apparaît au prosateur l'instrument par excellence de sa tâche tandis qu'elle oppose au poète un *impedimentum*, puisqu'elle entrave l'exercice de leur souveraineté. Parce que les mots gardent toujours un rapport aux choses auxquelles ils se réfèrent (à la manière dont selon Aristote le projet de scier implique du fer, lequel est rouillable et par là peut s'opposer à ce projet)[2], le poète qui les emploie demeure constamment dépendant de ces choses. Sans cesse sa tâche est de les en détourner pour les contraindre à revenir sur eux-mêmes, s'intégrer au poème. Jakobson rappelait comment la prose (*oratio prosa*, de *pro-vertere*, se diriger en avant, vers la chose dont on parle) s'oppose au vers (*versus*, retour). Les grands poètes sont ceux qui parviennent à renvoyer immédiatement les mots dans cette direction, contraignant ainsi les signes linguistiques à fonctionner de la même manière que les signes musicaux, picturaux ou sculpturaux, lesquels ne représentent pas, ils *sont* ce qu'ils signifient, comme la figure percée de flèches *est* l'animal envoûté.

Il y a là une souveraineté du signe sur la chose signifiée qui remonte à l'origine radicale de tout symbolisme, y compris le symbolisme originaire, lequel selon Beneveniste a rendu possibles, simultanément, la pensée, le langage et la dialectique qui à la fois les oppose et les unit[3]. Cette souveraineté s'exerce à des degrés divers, mais universellement, à travers quiconque signifie. L'effort du grand poète pour contraindre les signes linguistiques à *être* leur propre signification, le simple locuteur quotidien n'en éprouve même pas le besoin. Pour quiconque parle, en effet, ni le rapport entre signe et signification, ni le rapport entre signifiant et signifié ne sont « arbitraires », contrairement à la thèse de Saussure. « Entre le signifiant et le signifié, le lien n'est pas arbitraire ; au

2. *Physique* II, 9, commenté par Hamelin dans *Le Système d'Aristote*, Alcan, 1931. p. 275.

3. E. BENVENISTE, *op. cit.*, I., p. 29.

contraire, il est nécessaire »[4]. Entre le signe linguistique et ce qu'il signifie, même nécessité, ou plutôt même identité : pour le sujet parlant, le mot fait infiniment mieux qu'exprimer la réalité, « il *est* cette réalité (*nomen, omen*, tabous de parole, pouvoir mystique du verbe etc.) »[5]. Il l'est, ou plus encore il la fait exister, comme « Dieu dit 'que la lumière soit' et la lumière fut ». Aussi ce caractère incantatoire a-t-il survécu très longtemps à l'invention de l'écriture, s'opposant jusqu'au temps des moines à toute tentative de lecture silencieuse. Les anciens lisaient à haute voix. Saint Augustin s'étonne de voir son ami saint Ambroise, évêque de Milan, pratiquer cette lecture mentale[6]. L'habitude de lire en silence ne s'impose qu'avec la vie conventuelle[7]. Écrire, lire en silence, c'est récemment qu'on y a découvert une manière de transformer le monde, parce qu'il a fallu beaucoup de temps pour s'élever jusque là où les signes créent ce qu'ils signifient sans matériaux, et par là façonnent sans résistance ce qu'ils signifient. La dernière survivance de cette magie apparaît dans la nécessité, aujourd'hui encore, qu'un poème soit fait pour être lu à haute voix.

Entre les innombrables manières d'indiquer, d'exprimer, de signifier, les séparations et la hiérarchie pourraient donc bien se réduire aux degrés de succès ou d'impuissance de cette souveraineté, le plus bas se situant là où le geste indique, le plus haut là où le signe dépasse la linguisticité pour créer de part en part ce qu'il signifie.

Indiquer est renoncer à la nomination, au concept, à l'universel, s'en tenir à l'action visant un individu *hic et nunc*, ou plutôt esquisser cette action. Montrer du doigt est un lancer inachevé, provisoirement suspendu avant son exécution effective : quelque obstacle en a empêché l'accomplissement. Accuser, dénoncer, consiste à lancer vers l'adversaire un doigt, faute ou en attendant que ce soit le poing, l'arme, le projectile qui règlerait tout. L'indication

4. E. BENVENISTE, *ibid.*, I., p. 49 et suiv.

5. E. BENVENISTE, *ibid.*, p. 52.

6. Cf. Régine PERNOUD, *La femme au temps des cathédrales*, Livre de poche, 1982, p. 38.

7. Cf. Pierre RICHÉ, *Éducation et Culture dans l'Occident barbare*, Seuil, 1962.

n'est encore qu'à peine un signe, elle constitue plutôt une action commencée, une menace suspendue, d'effet nul, ou destinée à remplacer cette action en la virtualisant. N'émergeant qu'à peine du réflexe animal, la *déixis* relève encore des comportements humains les plus rudimentaires, les plus enfoncés encore dans l'animalité, parce qu'ils traduisent la dictature exercée par l'environnement, les *stimuli* les plus proches. Plus exactement, et là s'esquisse la différence radicale entre l'animal supérieur et l'homme le plus engagé encore dans l'animalité, cette dictature est exercée non immédiatement par le réel environnant mais par le possible qui s'avance, poussant devant lui le réel comme une avant-garde. Tandis que l'animal est totalement esclave de la nature puisqu'il en fait partie intégrante, l'homme en est d'abord dominé, certes, mais il l'est par un environnement moins subi que constitué, sa servitude est médiate, passant par l'attitude catégoriale. Le geste esquissé, suspendu, s'il est encore indicatif, est déjà plus qu'une indication, c'est déjà un signe, fût-ce d'obéissance. Justement l'animal n'est pas capable d'obéissance, il ne l'est que de dressage, de conditionnement patiemment inculqué. Obéir, même sous contrainte, est déjà ce choix entre la mort et la vie dont on a vu qu'il inaugure la liberté.

Ainsi l'étude du signe et de sa signification fait-elle réapparaître, mais cette fois au sein de l'œuvre même, l'opposition entre servitude et maîtrise dont on avait vu l'œuvre constituer d'abord un enjeu extérieur. La *déixis* étant servitude extrême, à l'autre extrémité de la hiérarchie les signes doivent traduire la maîtrise souveraine, absolue, totalement affranchie de la pesanteur infligée par les choses à signifier. Quelles œuvres sont faites de ces signes et de leurs significations ? Peut-être la poésie, située entre la prose d'où lui viennent ses mots — encore les transforme-t-elle radicalement, comme fait Henri Michaux — et la musique, d'où lui viennent ses sonorités, nous montreraient-elles la direction où s'élever ? Commencée tout en bas par le libre choix de fuir la mort, comment la hiérarchie des œuvres ne s'achèverait-elle pas au sommet par une victoire sur la mort ? Située quelque part sur cette hiérarchie, la poésie permettrait-elle de l'entrevoir ? Et pourquoi ?

Peut-être parce qu'entre le code monosémique, tout consacré à exprimer objectivement un sens, et la musique, toute dévolue à

construire un édifice de sons, la prose littéraire, la littérature poétique et finalement la poésie se présentent comme des étapes entre
servitude et maîtrise absolues, au cours desquelles successivement
le sens s'incarne dans le son, puis l'évacue pour lui laisser place,
inaugurant ainsi un *nouveau* règne, celui des signes qui créent de
part en part ce qu'ils signifient, sans matériaux empiriques, et par
là le soustraient à la mort. Ce règne, on l'avait déjà entrevu lors
d'une rencontre significative entre la métaphysique et la musique,
respectivement selon Hegel et Goethe « Dieu avant la création »[8].
Mais les mathématiques aussi créent de toutes pièces, sans matériaux empiriques, et dans le domaine sonore la musique construit
un édifice fait de grandeurs, de quantités, de proportions et d'ordres
qui ne peut pas ne pas faire songer à celui des mathématiques. La
souveraineté absolue des signes sur leurs significations serait-elle
exercée par un condominium, la musique, la mathématique et la
métaphysique, comme l'avaient entrevu les Pythagoriciens ?

Il se trouve en effet que parmi tous les codes ou moyens
d'expression, qu'ils soient monosémiques ou polysémiques, linguistiques ou non linguistiques, si nous retenons les seuls dont les signes
exercent sur leurs significations une souveraineté dictatoriale parce
que leurs significations sont pures, *a priori* aux sens kantien et husserlien du terme c'est-à-dire qu'elles ne doivent rien à l'empirique
— bien mieux, elles le précèdent et le conditionnent — ces trois-là
seulement, la mathématique, la musique et la métaphysique, satis-
font à cette condition, et cela parce que les anciens Grecs sont parvenus, grâce au signe écrit, à faire une seule chose du sonore et
du sens.

S'élevant du code monosémique, équivalent artificiel de la
communication animale, aussitôt on s'engage dans la prose polysémique, cette combinatoire de propositions entre lesquelles
d'innombrables figures de rhétorique offrent à l'auteur et jusqu'au
locuteur de quoi se forger un style. Même la plus simple, même
technique, toute prose est donc déjà littéraire, on sait l'admiration
de Stendhal pour le *Code Civil*, la préférence des mathématiciens
pour les solutions « élégantes », on connaît les homophonies lati-

8. Cf. *supra*, p. 60.

nes dont se nourrit le langage juridique (*testis ullus, testis nullus* ;
summum jus, summa injuria etc.). Sitôt que le prosateur
choisit entre plusieurs manières d'exprimer la même chose
celle qui frappera autant par la forme que par le contenu, employant
à cette fin métaphores, métonymies, catachrèses, assonances etc.,
son choix forge son style, par là sa prose se fait poésie, on loue
sa « musicalité », on admire l'impossibilité de le traduire, ou plutôt avec Valéry on définit ce qu'il y a de poétique dans son texte
par « ce qui ne passe pas la traduction », c'est-à-dire qu'aussitôt
on pose le problème du rapport entre le sens et le son.

Tandis que le poète délivre de leur sens habituel « les mots de
la tribu » pour les fondre dans l'incandescence d'où, poème, ils
sortiront dotés d'« un sens plus pur », les sons dont usent les musiciens pour les ordonner selon des rapports de temps et de quantité
n'ont pas de sens — selon l'acception étroitement sémantique du
terme — pas plus que les couleurs du peintre ni les masses du sculpteur ou de l'architecte, et de même les signes mathématiques
(j'entends naturellement par là, par exemple, un polygone ou une
fonction, non la craie qui les visualise sur le tableau noir, et dont
en toute rigueur le mathématicien pourrait se passer), ils ne signifient qu'eux-mêmes ; à la différence des signes physiques, chimiques et biologiques, qui renvoient à des matériaux empruntés au
monde, des courants électriques, des trajets de lumière, des acides
ou des bases, la chlorophylle ou l'hémoglobine, les gènes, ils ne
renvoient à rien, ils sont tout ce qu'ils paraissent et paraissent tout
ce qu'ils sont. Eux aussi sont « purs », ils ont fait l'objet d'une
opération réductrice qui ressemble à celle du poète, et toutes deux
à celle du phénoménologue, ce métaphysicien du XXe siècle : l'acte
par lequel le grand poète, le grand peintre, le grand musicien ou
le grand mathématicien font se lever dans l'esprit de qui écoute,
regarde, comprend, un monde nouveau, ressemble à celui par lequel
le phénoménologue « réduit » le monde à ses modes authentiques
d'apparition, c'est-à-dire à une sorte de transparence originaire.
Comme le poète vise « à nous faire sentir intuitivement aussi bien
l'étrangeté des choses naturelles que le naturel des choses étran-
ges »[9], le phénoménologue vise à retrouver une naïveté — c'est-à-

9. André GIDE, *Découvrons Henri Michaux*, Gallimard, 1941, p. 41.

dire une richesse — perdues. Il nous apprend à désapprendre l'usage, la situation, la nature « en soi » des choses, pour nous découvrir leur apparition première, leur aurore, et de même les poètes, les peintres, musiciens, mathématiciens et métaphysiciens. Nous avions oublié, ou plutôt nous ignorions et nous voyons révéler que des cheveux sombres sont « un pavillon de ténèbres tendues », les *Nymphéas* des vibrations colorées à l'extrême limite du figuratif, les dix-neuf notes en ré bémol majeur dont Debussy a composé les quatre premières mesures inaugurant l'*Andantino* de son *Quatuor*, virtuellement, ce que Claude de France en a fait, un plain chant funèbre qui fût miraculeusement tout de grave tendresse ; qu'une fonction du type $y = f(x)^2$ trace dans l'espace de ses variations la gracieuse courbe d'une efflorescence ; que « mon corps... n'est ni visible ni tangible dans la mesure où il est ce qui voit et qui touche »[10] ; qu'enfin des mots *matière* et *esprit*, *causes* et *fins*, *être* et *néant*, aucune génération de métaphysiciens ne parviendra jamais à épuiser la définition puisqu'ils expriment chacun une face de l'absolu. C'est à une naïveté de cette sorte que nous avons à revenir pour comprendre comment le sens et le son, dans la poésie, parviennent à n'être plus discernables, comment le son, dans la musique, parvient à s'ériger sa propre fin, et de même les couleurs et les formes dans la peinture, les masses et les formes dans la sculpture.

Déja la définition de la poésie par Valéry, cette « ambition d'un discours qui soit chargé de plus de sens et mêlé de plus de musique que le langage ordinaire n'en porte et n'en peut porter »[11], montre assez que le passage de la prose à la poésie s'opère sans rupture, et de la poésie à la musique par simple délestage des mots. On le voit bien quand la musique « accompagne » une mélodie faite d'un poème : Duparc, Fauré, Debussy, Ravel ont ainsi découvert aux œuvres de Baudelaire, Verlaine, Klingsor et quelques autres poètes une dimension neuve. Si le langage arraché à la prose par le poète ne peut collaborer avec la musique qu'à la condition d'être

10. M. MERLEAU-PONTY, *Phénoménologie de la Perception*, Gallimard, 7e éd., 108.

11. *Passage de Verlaine*, dans *Variété II*, Gallimard, 16e éd., p. 180.

promu poésie, cela signifie qu'en revanche il rejoindrait la musique et s'identifierait à elle si, en lui, le sens rejoignait le son, c'est-à-dire si sa formalisabilité n'empêchait en lui le sens de rejoindre le son. Non certes que la musique soit informelle, puisqu'au contraire elle est toujours transposable sans altération essentielle ; simplement ses formes n'ont rien qui ressemble à la formalisation logique. Qu'ont-elles donc en propre ? Qu'est-ce, en définitive, que la musique ?

Pour aborder ce difficile problème sans perdre son temps dans des « chemins qui ne mènent nulle part », rappelons d'abord qu'à l'origine radicale de la musique « l'Orient et l'Occident, après avoir cheminé quelque temps de compagnie, se séparèrent à un carrefour pour suivre des routes différentes... Tandis que l'Occident découvrait la saisissante formule de la superposition de plusieurs sons entendus simultanément, l'Orient, fidèle à sa technique de la monodie », s'engageait « dans l'infinie subdivision de l'intervalle ». En Europe on tailla géométriquement « comme des moëllons les sept degrés de la gamme diatonique, on les aligna et on les empila les uns sur les autres d'après les lois architecturales savamment établies qui s'appelèrent le contrepoint et l'harmonie. Et l'on éleva ainsi de splendides édifices sonores ». Partout ailleurs, au lieu d'équarrir la sonorité, on la tréfila. « On s'appliqua minutieusement à l'étirer, à l'amenuiser avec une délicatesse extrême pour que le passage d'une des sept notes à sa voisine soit aussi insensible que les dégradés reliant entre elles les sept couleurs de l'arc-en-ciel. Au lieu de se solidifier, la musique devint une irisation et un chatoiement aux frontières de l'impalpable et de l'impondérable ». L'Oriental considère la gamme « comme un perpétuel *glissando*... et jongle avec les quarts et les huitièmes de ton » tandis que l'Européen perçoit une superposition de sons mais est « incapable d'apprécier la valeur émotive et expressive des intervalles mélodiques inférieurs au demi-ton. Toute la musique issue de ce principe de l'effleurement, du frôlement, de l'imperceptible caresse du son isolé nous demeure fermée. La mélopée aux courbes insensibles que le virtuose oriental dévide... nous paraît monotone... ; nos agrégations harmoniques les plus savoureuses ne présentent aucun sens pour les peuples héréditairement adaptés à la perception exclusive des miroitements... d'une ligne mélodique ». « L'antagonisme entre cette monodie si discrètement et si suavement nuancée, et notre opulente et éblouissante polyphonie est donc irréductible..., [il] différencie plus nettement un Asiatique d'un Européen que la forme de ses yeux ou la pigmentation de sa peau »[12]. Seul l'Occident a inventé « la musique rationnellement harmonique » ; « la formation du matériel sonore à partir des accords parfaits..., notre orchestre groupé autour du quatuor à cordes »[13]. Harmonie et contrepoint, superposition et quantité discrète, ces traits caractérisent la musique d'origine européenne en l'apparentant tellement aux mathématiques que Taine y voyait une mathématique sonore.

Qu'est-elle ? Ou pour rappeler la question posée précédemment, pourquoi la formalisabilité du langage, même érigé poésie, empêche-t-elle en lui le sens de rejoindre le son ? Quels rapports y a-t-il entre la sonorité poétique et celle de la musique ? A cette question-là on ne proposera une réponse que si l'on remonte à l'origine des sons articulés par l'écriture, c'est-à-dire à l'introduction des voyelles dans l'alphabet.

Revenons à zéro, c'est-à-dire à ce point où la minique gestuelle fait place au langage. Tandis que l'animal émet des cris dont l'ensemble lui fournit un code extrêmement limité, enserré dans les nécessités de l'action quotidienne, l'alerte, la chasse, la fuite, le dressage des petits, la menace ou le ralliement migratoire, la voix procure un ensemble inépuisable de sons et de bruits articulés ou articulables, chaque phonème pouvant constituer avec tous les autres une combinatoire infinie. Ce qui n'était qu'une liste très courte de réflexes sonores répondant à des situations strictement définies en petit nombre est devenu l'infinité des phonèmes et de leurs combinaisons possibles répondant à une infinité de situations possibles, il y a eu passage à l'attitude catégoriale. La donation de sens a fait exploser toutes les limites qui enfermaient dans un environnement donné. L'environnement, désormais, c'est le monde, c'est-à-dire

---

12. Émile Vuillermoz, *Histoire de la Musique, édition complétée par Jacques Longchampt*, Fayard, 1973. De là Vuillermoz conclut qu'il ne tracera que l'histoire de la musique occidentale.

13. Max Weber, *L'Éthique Protestante et l'esprit du Capitalisme*, Avant-Propos.

la totalité supposée refermée sur elle-même des étants réels ou possibles. Émettre un son n'est plus réagir au contact du réel, c'est forger la plus petite unité phonique d'une combinatoire répondant à l'infinité des aspects du monde. Virtuellement au moins, le son est devenu sens.

Pour qu'il le devienne effectivement, il lui manque une codification matérielle, une trace qui l'éternise ; c'est l'écriture. Or l'histoire de l'écriture montre significativement que depuis ses origines jusqu'à l'alphabet le signe écrit adhère à l'image comme le signe en général à la chose ou plutôt, puisque l'image, on l'a vu, *est* la chose, le long effort du signe écrit pour s'affranchir de l'image ne fait qu'un avec le long travail du signe pour s'arracher au référent. Entre l'affranchissement du référent par le mot devenant poétique et celui de l'image par le signe écrit devenant phonétique il y a une parenté ou une parité qui devrait nous montrer dans l'histoire de l'écriture de quoi éclairer les rapports entre le sens et le son, et par suite le passage de la poésie à la musique.

On sait qu'apparue au mésolithique, l'écriture idéographique, s'étendant, s'institutionnalisant, exigeait de qui voulait écrire une vie entière rien que pour inventorier les correspondances entre idéogrammes et choses représentées. La plus haute culture ainsi atteinte, celle des mandarins, s'épuise en d'inépuisables listes de correspondances. Pour s'élever de là jusqu'à l'invention enfin d'un système de notation phonétique qui permît d'accéder d'un seul coup à l'universalisable en s'offrant à écrire toutes les langues quelque fût leur type (indo-européen, sémitique etc.), c'est-à-dire pour libérer l'écriture de l'image, qui magiquement traînait encore après elle la chose représentée, même l'admirable progrès du syllabisme, cependant si proche du but, ne suffit pas : encore encombrés d'idéogrammes paralysants, les syllabaires ne pouvaient élever l'écriture au niveau d'abstraction nécessaire. Nulle part, jamais, on n'observe un passage progressif de l'écriture syllabique à l'écriture consonantique : il y faut un *saltus*, une brusque rupture, signe qu'a échoué la genèse collective jusqu'ici suffisante, et que quelques-uns seulement se sont mis à l'œuvre. Même l'égyptien, pourtant capable grâce à ses racines polysyllabiques d'opérer la décomposition consonantique et par là de conduire à l'alphabet (et même si les trois plus anciens alphabets sémitiques apparaissent là où s'était exercée fortement l'influence égyptienne), y échoue, trop lourd encore d'idéographisme. Le saut nécessaire ne pouvait être fourni par l'ouvrage collectif, qui est anonyme et continu. Sans doute des conditions favorables s'offraient-elles : un entrecroisement nodal de voies faisant converger et se heurter une grande diversité de peuples, un entrechoc de tous contre tous par quoi les mots font sauter leurs adhérences originaires, afin que tous puissent les employer à se faire comprendre de tous. C'est à Byblos enfin, carrefour sémitique du commerce international, soumis à l'influence accadienne autant qu'à l'égyptienne, là où les plus diverses marchandises s'échangeaient en les plus diverses langues selon les plus divers systèmes d'échange et de mesure, qu'apparaît brusquement le seul des trois systèmes consonantiques destiné à survivre, le seul dont fut tiré l'alphabet phénicien, au XIII ou au XIIᵉ siècle avant J.-C.

Enfin libéré de tout idéographisme, par une audace sans exemple, l'alphabet phénicien liait directement, sans la médiation paralysante d'aucune représentation, la chose signifiée *par un son* à l'initiale du mot signifiant : *aleph (bœuf) ; bet* (maison), fournissant ainsi enfin de quoi constituer une combinatoire à vocation universelle.

Par un son : ainsi le signe écrit et la chose désignée s'identifiaient-ils désormais à travers la médiation sonore. Encore cette combinatoire, cette tâche décisive qui a coupé l'histoire de l'humanité en un *avant* et un *après*, et sans laquelle nul n'aurait pu engager les connaissances dans le processus cumulatif qui seul permet la science, n'a-t-elle été accomplie jusqu'au bout que par les Grecs, vers 800 avant J.-C.

En introduisant dans l'alphabet les voyelles, seul moyen de marquer le flexion et par là d'écrire aussi bien les langues indo-européennes que les sémitiques, et en rationalisant à l'extrême les consonnes pour réduire au minimum le nombre des signes indispensables, les Grecs ne se sont pas bornés à fournir l'écriture la plus simple, la seule donc que pût adopter toute langue sans trahir son génie propre. Ils ont imprimé l'élan brusque, la rupture décisive qu'il fallait à l'écriture pour que désormais, parfaitement abstraite de toute image, *réduisant tout signifiant à du sonore*, l'écriture devenue purement phonétique fût à jamais universellement disponible. Aussi l'alphabet grec devint-il le modèle de tous les autres, étrusque, latin, arménien, géorgien, copte, runique, gothique, glagolithique, cyrillique, bulgare, serbe etc. Comme le signe n'avait fait qu'un avec la chose signifiée, *le signe écrit faisait une seule et même chose du sonore et du sens.*

Mais je viens de supposer que la musique, semblablement à la mathématique et à la métaphysique, crée sans matériaux empiriques. On aura aussitôt objecté que la voix, et donc la vocalisation grecque de l'alphabet phénicien, sont un ébranlement de l'air, et il est vrai que toute audition, musicale ou non, débute avec le fonctionnement des cellules auditives ciliées de Corti. Mais comme l'a enseigné Kant[14], débuter avec l'expérience n'est pas en procéder. Sans doute le son matériel, chose physique, est-il dans le monde et du monde ; mais comme l'a montré Saussure, le signifiant n'est pas un son physique, il n'en est que l'« image acoustique », c'est « l'empreinte psychique du son »[15]. D'ailleurs y a-t-il des « sons physiques » ? Un son qui ne serait entendu par personne, qui retentirait sur une planète inhabitée, serait-il encore un son ? « Retentirait-il » ? Allons plus loin : le son émis par un instrument n'est que la matérialisation dans le monde de celui qu'a conçu et prescrit le compositeur. Pour celui-ci, et pour qui lit sa partition, le signe tracé est inouï, au sens premier du terme ; à proprement parler ce qu'il exprime n'est pas un son, c'est seulement un *éidos* phonique.

Surtout il faut rappeler que les sonorités musicales et les systèmes quantitatifs dont elles sont les diastèmes, plus encore que ne l'est la voix selon Derrida, sont objets d'une auto-réduction phénoménologique. L'identité qu'a montrée cet auteur entre la parole et la réduction, d'où suit que *le phonème se donne comme l'idéalité maîtrisée du phénomène*[16], « comme pur phénomène ayant déjà

14. « Si toute notre connaissance débute *avec* l'expérience, cela ne prouve pas qu'elle dérive toute *de* l'expérience » (*Critique de la Raison Pure*, trad. Tremesaygues et Pacaud, P.U.F., 1971, p. 31).

15. *Cours de Linguistique Générale*, p. 98.

16. *La Voix et le Phénomène*, P.U.F., p. 87.

suspendu l'attitude naturelle et la thèse d'existence du monde »[17], à bien plus forte raison s'offre-t-elle entre la musique et la réduction. Si « la voix *est* la conscience »[18], la musique *est* la conscience, laquelle est intentionnalité constituante, et par là donne leur sens aux organes de Corti comme au reste du monde. Après Hegel qui avait montré dans le concept l'absolu présent à la raison, il faut montrer dans la musique l'absolu présent à l'auditif.

Entre la formalisabilité du langage et celle de la musique, la distance n'apparaît donc plus infranchissable, elle n'oppose plus qu'un enchaînement exclusivement diachronique à un enchaînement à la fois diachronique et synchronique. Du moins en première approximation ; car la chaîne parlée, en vers ou en prose poétique, se laisse décomposer comme la partition en parties superposées, sens manifeste et contenu latent, discours allusif, symbolisme à plusieurs étages, naissance du mythe par transformation du couple signifiant-signifié en le signifiant d'un nouveau signifié[19], et plus généralement significations entassées d'un même mot ou d'une même proposition qu'ordonnent en profondeur, sous ce qui est dit, les figures de rhétorique. Envisagés ainsi, une tragédie de Racine ou un poème de Mallarmé apparaissent de véritables partitions, perceptibles seulement quand le poème est « bien dit », c'est-à-dire quand sa dimension synchronique cesse d'être discernable de sa dimension diachronique.

Ce premier résultat en procure aussitôt un second, plus important encore : il découvre dans la durée sonore un équivalent du spatial et dans la spatialité du tableau un équivalent du temporel ; en un mot il brise le rationnement classique au nom duquel on a coutume d'enfermer le tableau dans l'espace et la musique dans le temps.

La dimension synchronique du morceau héberge en effet l'analogue auditif de ce qu'en peinture on nomme le clair-obscur. Nul ne l'a mieux décrit que Valéry commentant chez Rembrandt et Wagner leurs « effets latéraux », l'« action sourde et comme laté-

17. *Ibid.*, p. 88.
18. *Ibid.*, p. 85.
19. Roland BARTHES, *Mythologies*, p. 200 et 201.

rale » par laquelle ce peintre et ce musicien suscitent dans l'ombre du champ perceptif, « dans les régions distraites et sans défense de l'âme sensitive — des événements lointains et préparatoires, — des pressentiments, des attentes, des questions, des énigmes, des commencements indéfinissables... C'est là construire un art à plusieurs dimensions, ou organiser en quelque sorte les *environs* et les *profondeurs* des choses explicitement dites »[20]. Là se célèbre le mystère, par exemple lorsqu'à la place du fa bécarre attendu depuis une dizaine de mesures éclate le prodigieux fa dièze[21] sur lequel Schumann tient pendant quelques mesures en équilibre tout le premier mouvement de son *Concerto en la mineur,* ou lorsque six mesures avant la fin de sa *Passacaglia en ut mineur* J.S. Bach fait bondir le thème à l'octave supérieure au moment même où l'on s'attendait à le voir majestueusement redescendre vers la résolution finale, en sorte que ces six dernières mesures font s'envoler tout jusqu'au ciel.

Il y a ici quelque chose d'analogue à la façon dont les peintres flamands font doucement luire dans l'ombre périphérique l'arrondi d'une joue, un éclat de cuivre, ou dont les Italiens font s'entrouvrir latéralement un merveilleux petit paysage loin au-delà des personnages occupant le premier plan. Mais tandis que les peintres, par là, introduisent en quelque sorte une dimension temporelle dans l'univers spatial de leur toile, puisque l'œil découvre peu à peu les détails de cette sorte, en revanche les musiciens ici évoqués introduisent comme un équivalent du champ spatial dans la durée sonore. Au contraste classique entre le champ visuel, qui serait spatial, et le champ auditif, qui serait temporel, il importe en effet d'opposer la structure en réalité chiasmatique de l'acte perceptif, le champ visuel refoulant en quelque sorte dans l'en-deçà tout ce qu'il y a de mélodique dans la saisie d'un paysage, et le champ auditif tout ce qu'il y a d'alluvions superposées dans celle d'une polyphonie. Sans doute les nécessités quotidiennes de la présence au monde exigent-elles cette distribution, et que fonctionne un mécanisme de rétention grâce auquel l'auditif apparaît surtout succes-

20. *Le Retour de Hollande,* dans *Variété II,* Gallimard, 1930, p. 38-39.

21. *Op. 54,* mesure 239.

sif, et le visuel surtout spatial : ce que l'auditif comportait de multiplicité simultanée, d'organisation verticale, lui a été dérobé pour aller nourrir d'espace le visuel, qui en est insatiable, et ce que le visuel comportait de succession médiate l'a déserté pour aller enrichir de temporalité l'auditif, qui s'en alimente sans cesse. Qu'un déséquilibre quelconque suspende ce mécanisme, que par exemple l'ouïe souffre l'intrusion active d'un champ sonore organisé le long de vecteurs que trace une écriture verticale, et tout ce que l'auditif s'était laissé confisquer par le visuel pour être transformé en espace lui sera rendu au centuple, meublant brusquement l'univers phonique d'une sorte de spatialité sonore inattendue.

Un tel déséquilibre peut être pathologique, amplifiant un champ de tout ce dont il a mutilé l'autre ; tel est le cas des aveugles, dont on connaît l'aptitude remarquable à dissocier les ingrédients d'une totalité polyphonique, et jusqu'aux harmoniques d'un son ; d'où leurs dons pour les professions d'organiste et d'accordeur. Il peut aussi n'être pas pathologique mais frôler le désordre physiologique, ouvrant ainsi la sensibilité du grand créateur à des domaines inexplorés ; telle a pu être l'origine du thème des Correspondances, ou celle des recherches d'Henri Michaux sous mescaline.

Il peut enfin être purement artistique, vidant librement un champ pour enrichir le contenu d'un autre, et ceci sans le secours d'aucun artifice. Les travaux de Harry McGurk et John Mac Donald, du Département de Psychologie de l'université de Surrey-Guildford en 1977 ont expérimentalement confirmé les thèses de E. Cassirer, Heidegger et Merleau-Ponty : il n'y a pas quatre ou cinq régions sensorielles séparées, le visible, l'auditif, le tactile etc., il y a seulement la perception, sur laquelle ce qu'on nomme les « sensations » découpent des points de vue abstraits. On mange le jaune du fruit autant que sa chair. L'essence de la musique s'en trouve éclairée. L'écoutant, on ferme les yeux, on marque indistinctement le rythme, esquissant une chorégraphie. Littéralement la musique a repris à la peinture et à la sculpture son bien ; elle leur a repris, l'exerçant désormais pour son propre compte, la fonction de saisir une disposition qu'en termes d'espace on nomme colorée ou volumineuse (et sans doute est-ce pourquoi les critiques musicaux usent si souvent de métaphores empruntées aux arts plastiques) ; simplement les distances entre points d'une forme, d'une couleur, d'un volume, sont devenues des distances entre sons et bruits, comme selon Descartes embarrassé par les difficultés de la transsubstantation la distance entre deux points à l'intérieur de l'hostie consacrée séparerait désormais non plus deux molécules de pain mais deux points du Corps Sacré[22]. Ausculter, sculpter : la cathédrale façonne l'air, et la *Fantaisie chromatique* aussi, littéralement ; elle est elle-même un *air*.

Ce transfert d'un champ à un autre, grâce à quoi une province du monde perceptif récupère brusquement des richesses ordinairement confisquées au profit d'une autre, semble expliquer l'espèce de délivrance soudaine que procurent la musique, la sculpture, la peinture, lorsqu'elles atteignent les cimes que visent leurs auteurs. Ah ! Enfin guéries de leurs infirmités quotidiennes, l'ouïe, la vue passent totalement de la puissance à l'acte. Voir, écouter, cela ne nous avait pas encore été permis. C'est ce que nous révèlent brusquement l'*Assemblée dans un Parc* ou le *Concerto pour la main gauche*, par la grâce de quoi maintenant nous nous ouvrons aux couleurs et aux formes, aux sons et aux rythmes. C'est ce transfert qu'accomplit Eupalinos lorsqu'il fait d'un temple l'image mathématique d'une jeune fille, ou Buxtehude d'une cantate l'image sonore d'un verset.

Qu'en outre il heurte et soudain fasse vibrer cette présence charnelle au monde qu'est notre corps en tant que système audio-moteur, que par là irrésistiblement il l'arrache par intervalles réguliers à sa pesanteur naturelle de chose mondaine pour le soulever dans ce « bond désespéré hors de sa forme », figure spatiale de l'existence qu'est la danse, qu'enfin cette gesticulation ordonnée intègre en quelque sorte le corps qu'elle anime pour s'y tapir à l'état de vibration contenue, y accomplir comme une incarnation qui est incantation, le corps devenant alors présence réelle d'une mathématique sonore qui est sculpture du monde devenue auditivement présence à soi : telle est peut-être, ou du moins telle m'apparaît l'essence de la musique.

---

22. *Réponses* de Descartes aux *Quatrièmes Objections* : *Réponses aux choses qui peuvent arrêter les théologiens.*

CHAPITRE VII

MUSIQUE, MATHÉMATIQUE ET MÉTAPHYSIQUE

Soutenir que le signe façonne ou même crée *ex nihilo* la chose signifiée consiste évidemment à simplifier pour les commodités de l'exposé : ce n'est pas nier qu'il ait été d'abord imposé par ce qu'il signifie, les réflexes conditionnés déclenchés par une situation donnée, les substituts perceptifs, le choix parmi les *Abschattungen* d'un « profil » privilégié pour l'ériger métaphore ou métonymie etc. Simplement c'est tenter de remonter jusqu'au point où la dérive de sens n'avait pas encore commencé, remontée que dans l'ordre linguistique on nomme *étymologie*, dans l'ordre phénoménologique *réduction*, pour essayer de surprendre le signe encore tout frais, là où il demeure aussi immédiatement adhérent que possible à la chose signifiée, afin de surprendre sa motivation à l'état naissant, littéralement jaillissante. Dans cette circonstance privilégiée, on *verrait* en quelque sorte — non sans doute la chose imposer le signe qui va l'exprimer, là réside en effet tout ce qui justifie la thèse de l'« arbitraire » — mais du moins le signe se retourner vers elle lui rendre ce qu'il en a reçu, c'est-à-dire la contraindre, ou plutôt contraindre son substitut à se modeler sur le pouvoir qu'il a de l'évoquer.

Tel est le cas, célèbre, des *Voyelles* chantées par Rimbaud, ou plus généralement des auditions colorées. Langue maternelle, le hongrois fait « voir les voyelles de la façon suivante : *i* blanc ; *e* jaune... ; *o* bleu foncé[1] etc. Une fois adopté pour exprimer tel contenu sémantique, tel groupe de sons « affecte de nuances particulières » ce contenu. « Les voyelles à haute fréquence (de *i* à ε) sont choisies de préférence par les poètes anglais pour suggérer des teintes pâles ou peu lumineuses, alors que les voyelles à basse fréquence (de *u* à *a*) se rapportent aux couleurs riches ou sombres[2]. « Mallarmé se plaignait que les mots français *jour* et *nuit* eussent une valeur phonétique inverse de leur sens respectif [*sic*] »[3]. De ces constatations, ou d'autres formulées par Michel Leiris, Cl. Lévi Strauss conclut que l'arbitraire du signe linguistique « n'est que provisoire »[4], et de là, s'élevant par généralisation au signe non linguistique, par exemple les feux rouge et vert qui ordonnent la circulation, il montre que « le rouge évoque le danger, la violence, le sang ; et le vert l'espoir, le calme et le déroulement placide d'un processus naturel comme celui de la végétation »[4], tandis qu'inversement si le Code avait signifié l'interdiction par le vert et l'autorisation par le rouge, celui-ci aurait semblé un « témoignage de chaleur humaine et de communicabilité », celui-là « un symbole glaçant et venimeux »[4]. Sur fond de cette généralité, le signe linguistique fait apparaître avec éclat son aptitude à transformer en les différenciant les contenus qu'il constitue, par exemple en passant d'une langue à l'autre : « *fromage* évoque une certaine lourdeur, une matière un peu onctueuse et un peu friable, une saveur épaisse. C'est un mot particulièrement apte à désigner ce que les crémiers apellent 'pâtes grasses'[5], tandis que *cheese*, plus léger, frais, un peu aigre et s'escamotant sous la dent... me fait immédiatement penser au fromage blanc »[6]. Il y a là une prégnance analogue à celle de la

---

1. Cl. Lévi STRAUSS, *Anthropologie Structurale*, 1958, I., p. 105.

2. *Ibid.* Schopenhauer présente des observations semblables à propos du rapport entre les sons musicaux et le contenu émotif qu'ils évoquent (*Le Monde...*, § 52).

3. *Ibid.*, p. 106.

4. *Ibid.*, p. 108.

5. Il y est d'autant plus apte qu'il dérive du latin populaire *formaticum* (qui d'abord avait engendré *formage*), lequel signifiait *coulé*, *moulé* dans une forme...

6. *Ibid.*, p. 107.

qualité selon Sartre : « C'est l'acidité du citron qui est jaune, c'est le jaune du citron qui est acide ; on mange la couleur d'un gâteau, etc. »[7]

Selon Plotin la procession à partir de l'Un, à peine en a-t-elle détaché le *Logos*, celui-ci se retourne, se « convertit » vers l'Un, et faute de parvenir à coïncider de nouveau avec lui, l'imite en le contemplant. De même il semble ici qu'à peine le signe arraché à la chose signifiée, il se retourne vers elle lui rendre ce qu'il en a reçu, c'est-à-dire le contraindre — ou plutôt contraindre la signification qu'il lui a substituée — à se modeler sur le pouvoir qu'il a de l'évoquer. La musique y parvient parfaitement, n'ayant jamais perdu ses pouvoirs magiques originaires. La poésie accède aussi à cette souveraineté mais seulement par instants privilégiés, empêchée qu'elle en est par un reste de fonction référentielle alourdissant toujours les mots qu'elle emploie. En ce sens, poésie et prose poétique constituent des étapes sur le chemin ascensionnel qui conduit à la souveraineté absolue. Que celle-ci soit exercée par la musique est évident. Son exercice par la mathématique et par la métaphysique est une autre évidence. L'histoire de ces deux disciplines suffit à en convaincre.

Dès qu'elles surgissent — d'ailleurs simultanément, ou pour mieux dire, indiscernablement — elles inaugurent la longue progression continue d'un état où le signe dépend du sens vers un état où le sens dépende du signe. Au VIe siècle, en Ionie, chercher la cause des météores, des phénomènes célestes, des séismes, paraît bien avoir conduit pour la première fois à chercher la cause de tout, l'unité secrète dont procédât l'inépuisable multiplicité des aspects du monde, probablement dans l'intention de maîtriser cette unité pour maîtriser cette multiplicité. Cherchant le principe de toutes choses et croyant d'abord le trouver dans la Terre, le Ciel, l'Eau, l'Air, le Feu, la Matière infinie, la réflexion naissante aboutit d'abord à le découvrir de moins en moins accessible aux sens, et ce ne peut être un hasard si le moment est à peu près le même où l'Un tant cherché apparaît abstrait, pur intelligible ou supra-intelligible, aux pythagoriciens et aux éléates, tous parvenant ainsi

7. *L'Être et le Néant*, éd. cit., p. 235.

à situer la source de tout existant sans user d'aucune image. Avec l'emploi de la notion d'Un — au sens à la fois mathématique et métaphysique — chez les Pythagoriciens, et de la notion d'*être* chez les éléates — notion que dans son *Parménide* Platon allait nommer « l'Un » — commence l'histoire de ce qui est à la fois la métaphysique et la mathématique, c'est-à-dire une discipline faite de signes dont les référents ne sont plus du monde. Science de l'Un et de ce qui se réduit à l'Un par décomposition, ou de l'être et de ce qui s'anéantit devant l'être par négation, elle procède initialement d'un dépouillement radical ; la naissance de la réflexion se présente comme la naissance du *négatif*. Quand s'achève avec les derniers pré-socratiques l'ère des grandes affirmations, commence avec les sophistes celle des grandes négations. Gorgias prononce qu'« il n'y a rien ». Du monde, en effet, il n'y a plus rien qui puisse contraindre, dicter, prescrire. La réflexion naît comme affranchissement, liberté.

Mais aussitôt elle naît double. En appeler du sensible à l'intelligible contraignait en effet à explorer, à élaborer des *mathemata*, c'est-à-dire originellement des connaissances certaines, et il y a deux sortes de *mathemata*, donc deux familles d'explorateurs ou d'élaborateurs (même si beaucoup appartiennent aux deux), les uns cherchant à inventorier tous les rapports dont l'entrelacement total constitue le monde, eux-mêmes inclusivement, les autres bornant leur investigation aux propriétés des grandeurs, des quantités, des nombres et des ordres qui peuplent l'espace, le temps et le mouvement. Mais tandis que les premiers, visant tout à la fois et donc partout échouant, n'aboutissaient qu'à se découvrir les amants malheureux d'un impossible savoir absolu, ce qui les a fait nommer *philosophes*, les seconds, regagnant en rigueur et en certitude ce qu'ils préféraient sacrifier en étendue, entassaient tout de suite victoires sur victoires, amassant régulièrement leurs démonstrations comme autant de vérités assurées indéfiniment accumulables, ce qui les a fait nommer *mathématiciens*. A leur suite et sur leur exemple, les philosophes se sont enfoncés sur leurs traces, ambitieux à la fois de la même rigueur puisqu'elle procure tant de certitude, mais toujours de ce savoir universel qui les hante depuis l'origine. Ainsi déchirés entre deux exigences contradictoires, ont-ils progressé beaucoup plus lentement, consacrant tous leurs efforts à essayer d'étendre la rigueur de type mathématique au-delà de l'étroit domaine où s'étaient enfermés les mathématiciens, jusqu'à l'ensemble de ce qui peut être intelligible, parfois même hasardant des tentatives d'incursion au cœur du supra-intelligible. Obtenant peu, certes, du moins ceux d'entre eux chez qui le projet mathématique et l'ambition métaphysique demeuraient indissociés sont-ils parvenus à forger un modèle commun aux deux disciplines, *la série*, une succession d'objectités catégoriales dont chacune fût élaborée *a priori* à partir des précédentes de sorte qu'une fois donnés les deux premières et la raison tirant la seconde de la première, on pût construire indéfiniment toutes les suivantes, après quoi seulement il importât de se préoccuper si le monde obéit en effet à ces enchaînements.

Et tandis qu'aussitôt née la mathématique construit allègrement ses séries, celle des nombres naturels, celle des polygones etc., la métaphysique propose peu, hésite. Comme le mathématicien définit chaque nombre ou chaque polygone par ses rapports avec l'ensemble de tous les précédents, le métaphysicien vise à définir chacune de ses objectités par l'ensemble de ses relations avec toutes les autres ; mais il ne parvient jamais à en ébaucher que les premières esquisses. Ce qu'après lui on nomme son *système* n'apparaît que l'avortement d'une œuvre jamais réalisée, d'où le style toujours inchoatif des ouvrages philosophiques. Tous s'ouvrent sur la décision de faire table rase, de recommencer à zéro pour enfin parvenir à lier indéliablement les premiers termes d'une série de séries lancées dans toutes les directions à la fois, tâche annoncée déjà par les prédécesseurs et qu'ensuite les successeurs annonceront à leur tour. Tandis que le mathématicien est satisfait quand il a défini le plus grand nombre possible de termes du petit nombre de séries qui se développent selon la grandeur, la quantité ou l'ordre, le métaphysicien l'est dès qu'il est parvenu à définir, même en très petit nombre, quelques-uns des termes du plus grand nombre possible des séries qui vont de partout à partout et à énumérer entre eux toutes les relations possibles de façon à rendre intelligible chacun d'eux par tous, nouant indénouablement système et diastèmes. Pour s'en tenir aux successeurs immédiats de Socrate, l'*être*, le *même*, l'*autre*, le *repos* et le *mouvement* apparaissent avec Platon la première table des catégories, ces cinq archétypes liés ensemble constituent l'articulation fondamentale à partir de laquelle existe tout ce qui est, apparaît tout ce qui peut être perçu, signifie tout signe. Aristote porte à dix le nombre des catégories, mais ne les lie entre elles que par le rapport de la première, la substance, aux neuf autres, qui la « signifient ». Liste empirique, puisée dans le langage quotidien, apparemment sans ordre, et tenter avec Trendelenburg d'y voir une transposition métaphysique de la grammaire n'est qu'expliquer un empirisme par un autre.

Chaque philosophe ensuite présente sa table personnelle de catégories, dont celles de Kant, Hegel, Renouvier et Hamelin comptent parmi les plus célèbres parce que seules — celle de Hegel et de Hamelin surtout — elles frôlent le succès : une fois donnés les deux ou trois premières objectités et leurs rapports, toutes les autres en procèdent par nécessité rationnelle jusqu'à épuisement de la liste. Mais ces tables sont encore des tableaux de maîtres, des « visions du monde », ce ne sont ni des théorèmes ni *a fortiori* des axiomatiques. Parfois l'une de ces tables lie entre elles des catégories avec une telle force qu'y changer le moindre détail serait ruiner l'ensemble. Ainsi apparaît la *Logique* de Hegel, solidement encadrée par la *Phénoménologie* et le reste de l'*Encyclopédie*. Mais c'est le système hégelien tout entier, *Logique* comprise, que l'histoire se charge ensuite d'accrocher au mur. Nul successeur ne se croit obligé de poursuivre l'œuvre ainsi accomplie.

Au contraire la généralisation mathématique, procédant par déduction constructive, consiste à tenir une objectité donnée pour une valeur singulière[8]. La variable ainsi supposée s'offre à être construite ; à son tour elle apparaît valeur singulière, et ainsi de proche en proche s'élève-t-on indéfiniment du simple au complexe sans qu'aucun nouveau mathématicien manque de reproduire le procédé de ses prédécesseurs, ce qui engendre un mouvement indéfiniment cumulatif. Des nombres entiers aux fractionnels, puis aux rationnels et aux irrationnels, de là aux négatifs, puis aux infinitésimaux, aux imaginaires, aux complexes, aux transfinis ; du triangle au poly-

8. Généraliser, selon Russell, est transformer une constante en variable.

gone, et par multiplication indéfinie de ses côtés, du polygone au cercle, du cercle aux diverses sections coniques, l'irrésistible progression s'accomplit de telle sorte que chaque nouveau terme ou chaque nouvelle série procède des précédents et engendre le suivant selon une loi rationnelle, tirant à soi les inventeurs qu'il faut pour le construire, comme « la petite phrase » prescrivait si impérativement son expression « que le violoniste devait se précipiter sur son archet pour [la] recueillir »[9]

Le miracle est qu'à ces séries d'objectités construites *a priori*, le dos tourné à l'expérience, la nature aussitôt obéisse docilement ! Les corps célestes suivent le trajet des sections coniques, les caractères héréditaires sont transmis selon les lois du calcul des probabilités, l'apparition de chaque nouveau corps simple le place exactement là où les calculs de Mendeleïev l'avaient prévu. Le rationnel pur se révèle transcendantal, il fait même mieux que rendre l'expérience possible, il nourrit la réalité, vérifiant ainsi l'identité hégélienne entre réel et rationnel, autorisant Husserl à prononcer que l'éidétique est antérieur au réel. Jamais, peut-être, même s'agissant de musique, la toute puissance du signe sur ce qu'il signifie n'avait paru avec tant d'éclat. Les exemples foisonnent. Dessinez un hexagone dont les angles ornés de la majuscule C tirent à eux des chaînes latérales si compliquées soient-elles et dans tous les sens que vous voudrez, non seulement les chimistes synthétiseront le corps organique dont c'est la formule, comme les pianistes et les violonistes font entendre aussitôt la partition que le compositeur a tirée du néant, mais avant même que ce corps ait surgi, d'avance ils décriront ses principales propriétés chimiques, et les médecins certains de ses effets physiologiques !

Aussi les plus folles espérances s'offrent-elles. Saint Thomas enseignait que ce que Dieu connaît ne fait qu'un avec ce qu'il veut[10] ; selon les mathématiciens, les structures et les objectités qu'explore leur discipline sont aussi celles qu'elle construit. Par d'autres voies, la science expérimentale va droit au même but. Dès

9. Marcel PROUST, *Du côté de chez Swann*, (*éd. cit.*), II, p. 184.

10. *Somme Théologique*, Première Partie, Question 14, art. 8, et Question 19, art. 11.

son commencement elle « conceptualise la nature », elle nie le « fait brut » pour lui substituer cette abstraction qu'est le « fait élaboré », s'en élève par induction jusqu'à la loi, de la loi déduit les conséquences qui sont autant de faits jusque là inconnus, ambitionne à ce point de déduire tout ce que d'abord elle a induit que Hamelin osait prévoir qu'un jour on construirait par déductions constructives, à la manière de théorèmes, la définition des espèces vivantes : « C'est seulement à titre provisoire qu'il peut être question de distinguer des définitions empiriques et des définitions *a priori*. Toute définition, c'est-à-dire ici [s'agissant des genres et des espèces] toute définition par le genre et la différence, est, en droit, *a priori*. Les définitions botaniques ou zoologiques sont, en ce sens, susceptibles d'être construites comme celles qui se rapporteraient à des objets plus simples. Une science assez avancée les engendreraient par un mouvement pleinement conscient de la raison »[11]. On n'en est certes pas à construire un œillet ou un chien comme une équation du troisième degré, mais déjà les manipulations génétiques, sorte d'algèbre de la biologie, ont permis de faire exister des espèces nouvelles, par exemple les « pomates ».

Cette ambition prométhéenne, toute science expérimentale s'en nourrit chaque jour, puisque toutes traversent quatre phases, descriptive, inductive, déductive, axiomatique, convergeant ainsi avec les autres types de connaissances pour faire de chaque hypothèse une hypothèque sur la vérité, de la connaissance un immense système hypothético-déductif, et par là du monde l'entrecroisement à l'infini de séries rationnelles, un « empire des signes ».

Rappelons cependant qu'à la différence de la musique et de la mathématique, la métaphysique ne propose guère, ou qu'en hésitant ; parfois elle recule, ses œuvres assemblées constituent des musées, non des laboratoires, et le bilan de ses vingt-cinq siècles apparaît négatif, ou du moins la somme de ses affirmations, loin de traduire une accumulation de vérités au moins régionales, semble nulle. Ambitionnant d'abord d'enfermer toutes choses en un Absolu jugé En Soi, puis se repliant sur la conscience que nous pou-

---

11. *Essai sur les Éléments Principaux de la Représentation*, Alcan, 2e éd., p. 201.

vons en avoir, transformant cette philosophie du sujet en un second renversement copernicien, un moment la métaphysique a paru restaurer, avec Hegel, les colossales ambitions de sa naissance : tout apparaissait l'Absolu, et l'Absolu Esprit, l'homme un instrument de ses ruses. Mais bientôt l'ambition de nouveau s'effondra, le centre de toutes choses redevint avec Feuerbach ce que Protagoras avait dit ; moins encore, il n'y a même plus de centre du tout, rien n'apparaît plus que « différance », « pli du retour », l'infinie diversité se distribue d'une manière que Deleuze déclare « nomade », elle est un délire, la souveraineté s'est tournée en « paranoia critique ».

Cette objection n'est que spécieuse. La métaphysique exerce bien la souveraineté absolue de ses signes, mais autrement que font la musique et la mathématique. Celles-ci posent, déterminent, celle-là nie ou interroge, elle met en question, érige système la mise en question de tout système et de soi-même parce que sa grande découverte, dès Socrate, a été de se révéler interrogative. A y mieux regarder, d'ailleurs, commander pour être obéi est une forme inférieure de souveraineté, puisqu'obéir est alors ne pas mettre en question. Aux signes musicaux les exécutants, aux signes mathématiques les lois de la nature, qui sont des fonctions du type $y = f(x)$ — et les ingénieurs qui les utilisent — obtempèrent. Quand surgissent les signes métaphysiques, ceux qui les entendent n'obéissent ni ne s'opposent, ils s'inquiètent, ou plutôt ils découvrent que l'inquiétude est leur essence, Socrate sait seulement qu'il ne sait rien, il interroge. Avant lui les Sophistes s'étaient sentis pris dans un dilemme : ou tout est vrai, y compris la proposition « tout est faux », ou tout est faux, y compris la proposition « rien n'est faux ». Séparer le vrai du faux par une limite définie sans savoir de quel côté de cette limite nous situe notre ancrage dans l'existence, et justement pour le savoir, constitue leur aporie. Les Sceptiques amplifient l'interrogation de Socrate, Montaigne se demande ce qu'il sait, ou s'il sait quelque chose. A la fois mathématicien et métaphysicien, Descartes songe à une mathématique universelle ne considérant que *l'ordre*, selon lequel la connaissance d'un terme suit nécessairement celle d'un autre, et *la mesure*, selon laquelle des objets sont rapportés l'un à l'autre grâce à une même unité. Ainsi les séries et les objectités qui les scandent, « longues chaînes de raisons », réapparaissent-elles à la jointure du mathématique et du métaphysique. Mais radicalisant le doute pour l'exterminer, Descartes finalement partage la connaissance entre le solipsisme, moderne invention stérilisante sortie du *cogito*, d'ailleurs contradictoire en soi (le solipsiste prétend convaincre autrui), et le scientisme qui réduit les animaux à des machines. Hegel n'identifie le réel et le rationnel que pour découvrir qu'entre eux la dialectique identificatrice, on l'a rappelé tout à l'heure, révèle circulaire la vérité. Aboutissement ultime, vérification suprême, Heidegger montre en l'angoisse révélatrice du néant le propre d'un étant tel qu'il y va en son être de son être même, l'homme est questionnement de tout et de soi, sans aucune réponse que l'accomplissement de ses possibilités, lesquelles par essence en font un être-pour-la-mort.

Rien de choquant, donc, si chaque vision métaphysique du monde réfute les précédentes et se découvre réfutée par les suivantes. La métaphysique n'est en effet même pas une thèse, elle est, elle se donne comme une hypothèse ; elle ne gouverne pas, comme font les théorèmes du mathématicien ou les lois du chimiste, elle indique, suggère, et c'est là son véritable règne ; elle est le principe, le prince — tout scientifique obéit sans en prendre conscience à une métaphysique implicite — qui par essence transcende les gouvernements intellectuels, elle les fait et les défait pour que ceux-ci commandent et fassent exécuter en son nom pendant qu'éternellement elle réfléchit. Au-dessus des *Lois*, Platon propose *in fine* d'instituer « un conseil de magistrats » chargés d'élucider sans trève le mystère de l'Un-Multiple en se demandant comment la vertu peut être à la fois une et quatre. Élucidation impossible : Dieu seul sait et peut fondre le Multiple en l'Un et dissoudre l'Un dans le Multiple, l'homme n'en est pas capable[12]. D'où les tentatives sans cesse infructueuses pour imposer une vision rationnelle du monde qui soit apodictique, puisque son essence est d'être interrogative.

Même Hegel, parvenu le plus loin peut-être dans l'accomplissement de ce projet, auteur en tout cas d'un colossal système d'assertions que fait se succéder un moteur dialectique inessoufflable, c'est en vain qu'il cherche à présenter la succession des systè-

12. *Le Timée*, 68 d.

mes se détruisant successivement les uns les autres comme un processus de type végétal. Si chaque système réfute les précédents et va l'être par les suivants, ce n'est pas à la façon dont « la fleur réfute le bouton » ni le fruit la fleur, puisque chaque phase de la croissance végétale conserve positivement les précédents tandis que chaque système philosophique conserve les précédents négativement, il en fait autant d'illusions à dissiper ; en leur histoire, il montre l'objet d'une déconstruction toujours à faire. Tandis que chaque mathématicien découvre et construit ce qu'est la mathématique, chaque métaphysicien découvre et détruit ce que la métaphysique n'est pas et n'aurait pas dû apparaître, toujours sur le modèle de Socrate, qui détruisait toutes les fausses réponses à ses questions sans en proposer aucune qu'il jugeât définitive. Si la somme des affirmations métaphysiques, comme la « conclusion » des dialogues socratiques et contrairement à l'accumulation indéfinie des théorèmes, est toujours nulle, c'est que la métaphysique « n'enseigne rien », à bien plus forte raison ne « gouverne »-t-elle pas[13], sa tâche est négative, elle empêche. Après Socrate on ne peut plus soutenir que l'homme est la mesure de toutes choses. Après Descartes, impossible de philosopher en ignorant le *cogito*. Après Kant, nul ne peut effacer la distinction entre « noumènes » et phénomènes, ni prétendre la foi inutile en étayant l'existence de Dieu sur des « preuves ». D'interdictions en empêchements, l'histoire de la philosophie en vient à installer cette discipline dans la situation où l'ont mise Deleuze ou Derrida, une sorte d'éclatement, un retour qui produit à retardement ce sur quoi il revient[14] : cette histoire n'est que la série des métaphores et des métonymies hasardées pour nourrir le mythe de la présence[15]. Si la tâche du métaphysicien est

13. La « différance » « ne commande rien, ne règne sur rien, et n'exerce nulle part aucune autorité. Elle ne s'annonce par aucune majuscule. Non seulement il n'y a pas de royaume de la différance, mais celle-ci est même la subversion de tout royaume » (J. DERRIDA, *La « Différance »*, Bulletin de la *Société Française de Philosophie*, juillet-Septembre 1968, p. 95).

14. « La structure étrange du supplément apparaît ici : une possibilité produit à retardement ce à quoi elle est dite s'ajouter » (J. DERRIDA, *La Voix et le Phénomène*, P.U.F., 3ᵉ éd., p. 99).

15. L'histoire de la métaphysique est celle des « métaphores et des métony-

d'empêcher, si elle s'avère par essence négative, c'est qu'elle incombe à un être tel qu'il y va dans son être de son être même et, en ce sens, Heidegger éloigné de Socrate par vingt-quatre siècles, en apparaît objectivement le plus fidèle disciple tandis que Hegel se situe à l'opposé de la tâche socratique.

Loin que ce soit abdiquer, c'est là exercer le commandement suprême, celui qui comme le fameux préteur ne se soucie pas *de minimis*, celui qui exige de hausser le regard jusqu'à l'horizon, et dont les manifestations sont des signes dans toute la force du terme, non des ordres mais des ouvertures, des *lumina*. Tandis que les signes musicaux et mathématiques construisent magiquement des édifices colossaux qui résistent aux siècles, les signes métaphysiques, ou catégories, ne font qu'esquisser, ils suggèrent, et presque aussitôt disparaissent pour que d'autres catégories leur succèdent dans cette tâche éternelle de suggérer, d'interroger, d'esquisser, d'inquiéter. De même la *Genèse* enseigne-t-elle que la souveraineté suprême, créant à son image, crée librement un être libre auquel par après il incombera d'agir librement à son tour, et d'en assumer seul la responsabilité.

mies » visant à désigner l'impensable « invariant d'une présence (*éidos, archè, télos, energeia, ousia* (essence, existence, sujet) *aletheia*, transcendantalité, conscience, Dieu, homme etc.) » (J. DERRIDA, *L'Écriture et la Différence*, Seuil, 1967, p. 411).

CHAPITRE VIII

LE SOI ET L'AUTRE

Les réflexions qui précèdent ont conduit à voir en l'œuvre le résultat d'un triple mouvement : un « bond »[1] hors de soi que tente le futur auteur fasciné par un absolu lui apparaissant son manque propre, puis pour combler ce vide reconnu tel, un sens forgé dans la fièvre, enfin un retour à soi, plus exactement un retour qui est création de lui-même par l'auteur, son œuvre apparaissant alors ce qu'abandonne derrière lui ce repli. De sa situation dans le monde le créateur s'arrache vers l'image qu'il s'est construite de l'absolu comme vers ce qui le comblerait, pour retomber et par là se créer auteur. C'est au cours de cette aventure singulière, un instant affranchi du monde, qu'il parvient à construire des signes dotés d'une souveraineté absolue, parfois apparemment magique, et par eux à s'ériger démiurge, donateur de sens à l'être, que par là il transforme en un nouveau monde.

Mais enfin il est né, il a surgi d'un vieux monde qui avait toujours été là, où sa naissance l'avait aussitôt englué. Son existence lui a été imposée par autrui, imparfaite, aspirant à une perfection dont il ignore tout. Depuis le 21 mars 1685, quand nait le quatrième

---

1. « La vérité... est le bond énorme qui fait passer de l'intérieur à l'extérieur » (HEGEL, *Philosophie du Droit*, § 270). Valéry écrit que le corps de la danseuse « sort incessamment de soi-même », qu'il exécute « des bonds désespérés hors de sa forme ».

fils de Jean-Ambroise et Élisabeth Bach jusqu'à *l'Art de la Fugue*, que la mort de Jean-Sébastien l'empêche d'achever (18 juillet 1750), un processus a surgi, s'est cherché, développé, construit, amplifié selon un ordre et une direction qui n'ont pas varié, se nourrissant et confortant de ce qui lui faisait obstacle, et de ce processus nous ne savons rien. Dire que tout était « préformé » dans l'enfant Jean-Sébastien, que tout y était en « puissance », ou qu'au contraire un modèle pré-existant l'appelait du haut d'un « ciel » divin ou métaphysique et qu'il n'a eu qu'à se laisser guider comme les bergers par l'ange ou les mages par l'étoile, est de ne rien dire. *Vocation, inspiration, génie*, ces mots sont des refus de répondre. Un homme est né, qui avait conscience d'un manque à combler, et qui en le comblant s'est forgé. Avoir conscience d'un manque est sentir qu'on n'est pas le fondement de soi-même, c'est jaillir hors de soi à sa recherche. C'est se trouver, on l'a vu, dans la situation de l'esclave que Socrate « accouche » d'une démonstration, ou de Proust s'avançant *A la Recherche du Temps Perdu* alors qu'au même moment il surplombe cette recherche du haut du *Temps Retrouvé*. Il y a là une ubiquité, une présence simultanée au début et à la fin qui apparaît contradictoire, impossible, et que la logique nomme un cercle. En rendre compte est-il interdit ? Sommes-nous en présence d'un mystère ? Paraphrasant Pascal, prononcera-t-on que sans ce cercle, l'homme — car tout homme est créateur — serait plus incompréhensible à lui-même que ce mystère n'est inconcevable à l'homme ? Au moins ai-je tâché d'en serrer l'apparition d'aussi près que j'ai pu. Resterait maintenant à surprendre la courbure de ce cercle, comme d'un avion le regard surprend celle de la Terre en surplombant l'océan.

Observons d'abord qu'elle comporte des degrés. Entre la première lueur par laquelle s'annonce la tâche créatrice à entreprendre et l'éblouissement de l'amateur découvrant l'œuvre « achevée », si l'on adopte pour mesure le temps d'élaboration, ou entre *Jeux d'Eau* et les tableaux de Bonnat si l'on compare les œuvres entre elles objectivement — je veux dire : lorsqu'elles sont devenues des objets — chacun perçoit une énorme distance, les degrés d'une hiérarchie. Comment a eu lieu se déploiement ? Comme Merleau-Ponty a rappelé que « l'intégration échoue toujours, plus haut chez l'écrivain, plus bas chez l'aphasique »[2], il faut dire que la création travaille tout homme et qu'elle échoue toujours à étreindre l'absolu saisi comme manquant, plus haut chez le grand créateur, plus bas chez celui qui ne se soucie que d'être diverti pour échapper à l'angoisse.

Entre ce plus bas et ce plus haut, si la distance à parcourir se présente comme une ascension suivie d'une redescente, si l'inconcevable ubiquité du créateur présente au logicien les apparences d'un cercle, si enfin le créateur ne se découvre tel qu'une fois l'œuvre transformée en créatrice de son créateur, on ne peut pas ne pas songer à Parménide quand celui-ci assimile l'être à une sphère et conclut que tout point de départ à sa surface est aussi le point du retour, et à Hegel lorsqu'il écrit que l'esclave contraint par le maître au travail se découvre créateur, son travail cesse de lui être étranger, il devient son propre sens (*Eigner Sinn*[3]), ce qui lui apparaissait autre que lui devient le même par appropriation, intériorisation, ou encore lorsqu'il présente l'enfant, procréé par ses parents, à la fois même et autre qu'eux : la relation entre parents « a son effectivité non en elle-même mais dans l'enfant, — un autre, dont le devenir est cette relation même »[4]. Entre le même et l'autre cette circularité a toujours paru le symbole de la perfection. Dans la sphère les anciens Grecs voyaient la figure géométrique parfaite puisqu'elle est la seule que ses tours sur elle-même ne déforment pas, la seule qui admette une infinité d'axes de symétrie. Dans la sphère encore Leibniz reconnaissait la seule figure qui enveloppe le maximum de volume dans le minimum de surface. En définissant le chef-d'œuvre littéraire par un livre qui est d'autant plus personnel qu'il est en droit universel, Gide à sa manière se référait à un criterium analogue. C'est probablement à ce chef d'œuvre irréalisable, unique, qui parachèverait toute création, qu'ont songé toute leur vie Platon n'écrivant

2. *La Structure du Comportement* (P.U.F., 3e éd., p. 226). Grand poète, à la fin aphasique, Baudelaire offre l'exemple saisissant d'un créateur qui s'est trouvé successivement dans ces deux situations.

3. *Phénoménologie de l'Esprit* : A) *Indépendance de la Conscience de Soi, Fin.*

4. *Ibid.*, *Le Monde éthique, la loi humaine et la loi divine, l'homme et la femme.*

pas *Le Philosophe* et Mallarmé n'écrivant pas « Le Livre »[5], leurs œuvres apparaissant dès lors les retombées d'une impossible ascension vers ce point ultime.

A mesure que l'œuvre s'élabore, créant son propre auteur, il apparaît en effet que chaque tracé d'une note, chaque touche de pinceau, chaque nouveau vers ou théorème nie en quelque sorte la série des notes déjà écrites, des couleurs déjà déposées, des vers déjà alignés ou des théorèmes déjà démontrés, pour en infléchir la direction générale d'une manière neuve. Laissé à lui-même, l'ensemble déjà élaboré contraindrait l'auteur à poursuivre en ligne droite, par inertie, comme sous l'effet d'une *vis a tergo*. Mais l'auteur a les yeux dirigés vers un point situé hors du monde, qu'il ne discerne pas, et pour y conduire son œuvre en cours la ligne droite s'avérerait inopérante, comme en géométrie riemannienne elle s'avérerait toujours tangentielle, sans cesse quittant la courbure réelle pour s'aller perdre dans l'euclidien abandonné. Comme l'enfant croît vers un adulte qu'il ne sera jamais tandis que l'adulte qu'il sera n'apparaît jamais avant terme, cet enfant et cet adulte étant à la fois mêmes et autres, la croissance d'une œuvre la fait tout autre que n'avait prévu son créateur et cependant la même : autre selon les composants empiriques qui la viennent nourrir à mesure, la même si l'on se réfère au « caractère intelligible », au « projet fondamental » précédemment évoqués. Ainsi l'œuvre n'est jamais elle-même, ni au début puisqu'elle n'est pas encore, ni en cours d'élaboration puisque celle-ci suit indéfiniment une sorte de courbure de type riemannien ; elle n'est que ce qu'elle aura été quand elle se sera révélée autre et même et qu'elle-même et que ce que son auteur avait entrevu en se mettant à l'ouvrage. Nous retrouvons ici l'opposition entre le Soi et l'Autre que nous avions cru discerner dans la tragédie grecque et le roman policier, et ce futur antérieur ne fait que totaliser la série des négations dont chacune

---

5. Dans ce *Livre*, qu'il faudrait nommer τὸ βιβλιόν, Mallarmé confiait à ses proches qu'il sommerait et annulerait tous les autres. A Villiers de l'Isle-Adam, il avait avoué que son objet serait la Beauté. A Verlaine il avait écrit : « Un livre, un seul, *le* livre ». Quant au *Philosophe* de Platon, toujours médité, jamais écrit, j'ai osé en tenter une reconstitution mythique : *Le Philosophe retrouvé* (L'Age d'Homme 1978).

fait progresser l'œuvre vers elle-même : en niant le blanc de la toile, le peintre nie ce qui nierait son tableau ; le compositeur en fait autant du silence et le sculpteur du marbre : « quand en aurai-je fini avec tout ce marbre qui me sépare de ma statue ? » s'écriait Michel Ange.

On s'explique alors qu'au cours de l'élaboration le créateur découvre son propre chef d'œuvre autant ou plus encore qu'il le crée. Entre eux apparaissent des effets d'inter-dépendance circulaire, de *feed-back*, de rétro-actions, des incertitudes qui sont les homologues de celles de Heisenberg. Chaque moment créateur remet en question tous les précédents comme chaque progrès infinitésimal d'une courbe toute la partie de celle-ci qui a déjà été tracée, infléchissant ainsi en permanence l'ensemble du processus dans une direction *autre* mais vers un aboutissement *même*, selon qu'on les considère du point de vue empirique ou à partir du « caractère intelligible ». Les œuvres complètes d'un grand auteur apparaissent ainsi l'ensemble des retouches jamais satisfaisantes apportées au premier ouvrage de la série.

D'où, dans cet ensemble d'œuvres complètes, des régions, des vérités régionales, par exemple les romans de Balzac avant *la Comédie Humaine*, la musique de Debussy depuis l'influence de Massenet jusqu'à la découverte des compositeurs russes et des musiciens d'Extrême-Orient, l'œuvre de Proust avant la *Recherche*. Ces régions, ces étapes, ne s'intègrent pas nécessairement. Elles tranchent, comme des avortements avant l'accouchement réussi. Par là elles font apparaître l'œuvre achevée non comme une totalité mais comme une totalisation sans cesse interrompue, abandonnée, reprise, infléchie, chaque touche, chaque coup de ciseau, chaque phrase faisant virer l'ensemble comme vire la couleur d'un ciel ou la direction d'une route. Ainsi la série des actes infinitésimaux à travers lesquels s'avance la création, comme autant de crises, fait apparaître la chose en cours de création comme indéfiniment probable, et la chose créée comme stochastique, à la manière dont la très simple loi de Mariotte $P \times V = K$ traduit l'application du calcul des probabilités aux insaisissables mouvements désordonnés des vingt-sept milliards de molécules enfermées par Avogadro dans chaque centimètre cube, ou à la manière dont l'infinité des diffusions et réflexions d'une radiation pénétrant dans une enceinte dont la température est uniforme et dont les parois empêchent tout rayonnement aboutissent à constituer un « corps noir », c'est-à-dire absorbant mais ni diffusant ni réfléchissant, dont les lois (de Kirchoff, de Stefan et de Wien) sont parfaitement simples.

Le paradoxe est que du début à la fin d'une vie, comme un éventail grand ouvert se referme, le nombre des futurs contingents va régulièrement décroissant pour ne plus laisser place qu'au déterminisme de la dernière ligne droite, la vieillesse, tandis qu'au cours de l'élaboration créatrice et jusqu'à ce qu'on tient pour l'« achèvement » de l'œuvre, ce nombre ne diminue pas, ou à peine, l'œuvre ne cesse jamais de se donner comme à faire, au besoin à refaire par un autre. Les grands poètes du XVIIe siècle récrivent les tragédies des anciens Grecs ; parfois même, sur le modèle de Ménandre pillé par Térence, ils font une comédie avec la moitié de ce qui peut servir à en faire deux, comme le remarque Racine dans la *Préface* de *Bérénice*. *Œdipe* est d'abord le mariage mythique, ἱερός γάμος, du roi de la cité avec la Déesse-Mère, qui ainsi est à la fois sa mère et sa femme. Puis il réapparaît chez Homère, auquel l'emprunte Eschyle, auquel l'emprunte Sophocle, auquel l'empruntent successivement Euripide, Sénèque, Corneille, Voltaire, Ducis, Gide, Cocteau, Anouilh, peut-être Freud si l'on regarde la psychanalyse comme une dramaturgie. De même le récit de la mort rédemptrice sur la Croix est perpétuellement réitéré comme célébration et salut selon les variantes qu'en proposent les religions chrétiennes, elles-même subdivisées en rites. Les plus célèbres thèmes de l'Écriture, Adam et Eve, la Tour de Babel, la Nativité, la Crucifixion, l'Ensevelissement, la Résurrection, le Jugement Dernier, ont été traités par d'innombrables peintres et sculpteurs sans que fussent modifiés les personnages ni leurs situations réciproques, intouchables puisque sacrés. La messe a servi d'inaltérable modèle à d'innombrables musiciens. Les Vénus de la Renaissance, celle de Dresde par Giorgione, celle d'Urbino par le Titien, revivent dans la *Maja desnuda* de Goya et dans l'*Olympia* de Manet, le *Gilles* de Watteau dans l'un des *Arlequins* de Picasso. Nombreuses sont les répliques qu'ont faites de leurs propres toiles de nombreux peintres, et l'on a vu plus haut que cet inachèvement essentiel apparaît aussi dans les sciences. A quoi il faudrait ajouter cette autre forme de l'inachèvement essentiel que sont les indécidables de Fermat, les indéterminés de Leibniz, et cette autre forme que procure la musique aléatoire.

C'est cet infléchissement, cette incurvation perpétuels de l'œuvre en cours d'élaboration qui fait courbe l'espace de création, et qui explique la circularité de celle-ci. Un des exemples les plus spectaculaires en est la découverte par le Narrateur que la véritable Albertine, révélée seulement à la fin du parcours initiatique, était précisément celle qui s'était livrée dès le début, comme si Proust illustrait délibérément la thèse parménidienne comparant l'être à une sphère et déclarant « tout un » le commencement et la fin « car là même où je commence, à nouveau je viendrai en retour »[6]. Dans *Albertine disparue* la vraie Albertine, découverte grâce à Andrée, se révèle identique à « la fille orgiaque surgie et devinée, le premier jour, sur la digue de Balbec », après s'être montrée sous « tant d'apparences diverses », comme un monument, d'abord vu en totalité mais « dans le lointain », puis successivement, sous cent aspects partiels, donc faux, finalement s'offre entier, révélant qu'alors « les proportions vraies étaient celles que la perspective du premier coup d'œil avait indiquées, le reste, par où on a passé, n'étant que cette série successive de lignes de défense que tout être élève contre notre vision, et qu'il faut franchir l'une après l'autre, au prix de combien de souffrances, avant d'arriver au cœur »[7].

Quant au mouvement par lequel le créateur s'arrache à soi vers l'autre, qu'il tient d'abord pour l'absolu puis reconnaît vide, et s'en trouve renvoyé à soi par une réflexion qui le transforme « tel qu'en lui-même... », deux auteurs en offrent des exemples célèbres : Debussy et Marx.

Hanté par la paganisme de Pierre Louÿs, par tout ce qu'il y a à la fois de sensoriel et de sensuel dans les *Chansons de Bilitis*, aussi par les grâces raffinées et mélancoliques du XVIIIe siècle peintes par Watteau puis murmurées sur un ton de confidence par Verlaine, Debussy arraché à lui-même par cette manière d'être l'autre

---

6. PARMÉNIDE, *fragm. V*, cité *supra*, p. 47.

7. *Albertine disparue*, Gallimard, 1927, p. 260.

de ce qu'il est, le fils d'un petit marchand de faïence de Saint-Germain-en-Laye devenu commis d'écriture aux Chemins de fer de Fives-Lille, élevé sans instruction, presqu'analphabète, entre *La Fille du Régiment* et les gifles maternelles, s'élance en quelque sorte vers les faunes et les naïades que baigne la lumière grecque, vers les madrigaux que chuchotent les petits marquis à perruque au clair de lune, les admirables pizzicati de la *Fête Galante*, en un mot vers son autre. Revenir à lui consiste pour lui, littéralement, à mouler en reliefs les lacunes dont il souffrait, le moi qu'il était ou croyait être ne consistant qu'en un manque. L'absolu dont il était manque était ce qu'il lui fallait pour combler ce manque par moulage en composant la musique des *Chansons de Bilitis* ou de *Mandoline*, c'est-à-dire en devenant positivement ce soi qu'il n'avait été jusqu'alors que négativement. Œuvre de volupté, de grâce, de raffinement mélancolique, il était cela sans le savoir. De même la misère ouvrière au début du XIXe siècle, la dialectique hégélienne grossie et simplifiée par Feuerbach et les néo-hégéliens de gauche, la thèse ricardienne de la valeur, l'idée socialiste flottant chez Saint-Simon, Fourier, Owen, Louis Blanc, Proudhon, enfin le scientisme de ce temps-là, constituaient les éléments de ce qu'il faudrait rassembler pour forger un socialisme « scientifique » comblant exactement les énormes manques de la société européenne bouleversée par la première révolution industrielle. On a remarqué que chaque article de la *Déclaration des Droits de l'Homme et du Citoyen* est exactement calqué sur un abus précis qu'aux yeux des Constituants de 1791 le gouvernement royal et son administration auraient commis quotidiennement, et dont par là il s'agissait de prévenir le retour ; à la lettre c'était une inversion. De même Marx semble avoir construit le socialisme par moulage, sur le capitalisme européen de 1850-1860, d'une économie exactement inverse, c'est-à-dire en somme la même, simplement affectée d'un changement de signe algébrique. Comme selon Feuerbach la théologie n'est que l'anthropologie inversée, après quoi c'est en la renversant à son tour que l'on construira la véritable anthropologie, jusqu'ici manquante, le passage du capitalisme au socialisme ne demande qu'à s'opérer tout seul puisque c'est le retour du même au même par simple renversement de l'autre, passage qui du même coup transforme l'étudiant

Karl Marx, épris de hégélianisme et d'économie, en l'auteur du *Capital* qu'il ne se savait pas être. Envisagé ainsi, *Le Capital* apparaît un retour de Marx à lui-même, revenant épouser tous les creux du monde socio-économique dont il souffrait, pour les traduire en reliefs saisissants.

Feuerbach, ici évoqué, ouvre beaucoup plus largement encore l'horizon qu'il faudrait explorer : c'est le phénomène religieux dans son ensemble qui vient illustrer la thèse ici soutenue. Par définition, toutes les religions visent l'absolu, élevant leurs fidèles avec elles vers lui, et toutes, en retombant parce que l'essence de l'absolu est d'être inaccessible, retombent à l'état de dogmes, livres sacrés, cérémonies, qui constituent d'immenses miroirs où leurs croyants voient leur propre image inversée. Là-dessus ont jeté beaucoup de lumière d'innombrables auteurs s'efforçant de dénoncer l'anthropomorphisme : Xénophane[8], Hobbes[9], Voltaire[10], Feuerbach etc. La pensée chrétienne a fait plus encore, en montrant en le Dieu des philosophes et jusqu'en le Dieu révélé mais contaminé par lui « une idole... que rejette avec une profondeur insoupçonnée l'athéisme contemporain »[11]. Mais c'est Hegel qui a écrit là-dessus des pages définitives : le progrès des religions, celles « de la nature » (lumière, animaux dont lentement se dégage la forme humaine) en passant par « la religion de l'art », conscience que l'humanité a de soi, jusqu'à la religion « révélée » ou « manifestée », bref la dialectique par laquelle le mouvement qui s'élève de « l'esprit certain de lui-même, ou la liberté », vers l'absolu, passe par autant d'arrêts virtuels à chacun desquels correspond cet arrêt effectif

8. « Si les bœufs, les chevaux et les lions avaient des mains et pouvaient avec leurs mains produire des œuvres comme les hommes, les chevaux peindraient des figures de dieux pareils à des chevaux, et les bœufs pareils à des bœufs, bref des images analogues à celles de toutes les espèces animales » (*Fragment* 15).

9. *Troisièmes Objections* opposées aux *Méditations* de Descartes ; *Objections Sixièmes* : la notion d'infini nous fournit seulement celle de nos propres termes et limites ; l'indépendance divine celle de ma propre dépendance inversée ; la création celle des choses que j'ai vu naître et grandir etc.

10. « Dieu a créé l'homme à son image ; l'homme le lui a bien rendu ».

11. *Dieu sans l'être, A propos de J.L. Marion*, par J.L. Schlegel, dans *Esprit*, février 1984, p. 30.

qu'est une religion positive, c'est-à-dire une attitude figée en face de l'absolu. L'art et la religion, en l'occurrence, se correspondent terme à terme.

La philosophie naît et se développe de même. D'abord « science universelle », « science du tout du monde, de l'unique totalité qui embrasse tout ce qui est »[12] c'est-à-dire de l'absolu, aussitôt après quoi, ne pouvant saisir de celui-ci que ce qu'il n'est pas, et le traduisant par des attributions toutes négatives (sauf « l'être est », toutes les propositions de Parménide ayant l'être pour sujet sont négatives, constituant autant d'« interdictions »), elle retombe en se divisant et se subdivisant, d'abord, on l'a rappelé, en philosophie proprement dite et en mathématique, puis la philosophie elle-même d'une part en disciplines séparées de plus en plus nombreuses, ontologie, métaphysique, logique, épistémologie, éthique, psychologie, esthétique, etc., d'autre part en d'innombrables systèmes successifs, Platon, Aristote, Épicure, Chrysippe, Plotin etc.) cependant qu'à partir des mathématiques, nées d'elle et par mathématisation du réel, surgissent mais beaucoup plus lentement d'innombrables disciplines séparées, la physique (Oresme, Galilée, Descartes), la chimie (Lavoisier, Berthollet), la biologie (Claude Bernard, Brown-Sequard), toutes disciplines ou tous systèmes en chacun desquels se reflètent comme en autant de miroirs idéalisants les peuples et les moments qui les ont engendrés (Inde, Égypte, Chaldée, Grèce puis tous les autres peuples européens) et les auteurs, philosophes ou savants qui les ont façonnés, aussi reconnaissables dans l'image que leur renvoie leur œuvre que Beethoven dans ses *Symphonies* ou Baudelaire dans *Les Fleurs du Mal*.

Cette incarnation de l'auteur ou, si l'on préfère, son reflet dans son œuvre comme dans un miroir apparaît avec plus d'éclat lorsqu'il faut passer par la médiation d'un exécutant, comme c'est le cas surtout dans la musique. Déjà la tragédie grecque, le dialogue platonicien, la narration proustienne et le roman policier nous en avaient offert des exemples significatifs. Mais Mozart s'incarne plus complètement dans Rubinstein, ou Ravel dans Gieseking, que

---

12. Ed. Husserl, *La Crise de l'Humanité européenne et la Philosophie*, Éd. bilingue, trad. par R. Ricœur, Aubier, 1977, p. 37.

Sophocle dans son Tirésias ou Platon dans son Socrate, car l'œuvre musicale est faite pour être écoutée, pour transformer en sonate ou en concerto ce que nous avions nommé un *éidos* phonique, et que jamais un *éidos* phonique ne se laisse transformer ainsi deux fois de la même manière. Deux lectures à haute voix de *La République* ou de *La Princesse de Clèves* reproduisent presqu'identiquement ces grands textes. Deux auditions de l'*Ave Verum* ou des *Kreisleriana* constituent des morceaux distincts, que nul ne peut confondre, même si ces morceaux ont été exécutés par les mêmes musiciens. Toute la différence entre cet exécutant qu'est le lecteur et cet interprète qu'est le pianiste ou le violoniste est là : le premier reproduit (un magnétophone aussi), les autres recréent, ou plutôt le morceau est chaque fois créé comme si c'était la première fois. D'où la solennité liturgique de tout concert ; les musiciens que fait se lever l'arrivée du chef d'orchestre, les applaudissements de l'assistance brusquement éteints quand s'ouvre le silence préparatoire, la baguette qui se lève ou les mains qui se posent sur le clavier, sont une cérémonie incantatoire, alors que la lecture solitaire est un essai, une tentative qui peut-être tournera court dès la troisième page, et de même la vue d'un tableau accroché au mur du Louvre ou du Prado.

Sans doute l'*éidos* phonique gravé sur la partition demeure-t-il toujours le même ; mais l'interprétation se révèle toujours autre et que celle des autres interprètes et que celle du même la veille ou le lendemain. Nous retrouvons ici encore l'opposition entre le *même* et l'*autre* ; simplement le *soi* s'est déplacé, il s'est incarné dans l'interprète, lequel offre son interprétation propre d'une œuvre écrite pour l'éternité, donc jamais exécutable telle que l'auteur y aspirait en la créant. Il y a là un véritable désaisissement de l'auteur au profit de celui qui incarne fugitivement son œuvre, ceci d'ailleurs qu'il s'agisse de musique ou de théâtre. Assistant à la répétition de sa pièce, l'auteur va parfois jusqu'à s'installer dans la même attente docile que celle de l'auditeur-spectateur. En présence de Claudel, Edvige Feuillère répétant *Le Partage de Midi* s'interrompt pour lui avouer son embarras devant un passage du deuxième acte, qu'elle comprend mal. « Qu'est-ce que cela veut dire ? — Cela ne veut rien dire — Alors comment faut-il le dire ? — Vous le savez mieux que moi »[13].

On objectera qu'ainsi comprise, présentée comme le moulage en relief des manques dont souffre son auteur et la société qui l'entoure, l'œuvre apparaît comme une sublimation, au sens psychanalitique du terme. Il n'est pas contestable que les mythes, les religions, les cultures, les civilisations surgissent par décompression d'un immense et perpétuel refoulement dans l'inconscient collectif. C'est parce que le sur-moi détourne nos besoins organiques de leur satisfaction naturelle et les transpose à un autre niveau, il les censure, les comprime, les sublime, que de l'homme surgissent l'art, la littérature, la religion, la civilisation. Matière en fusion incandescente, la *libido* se répandant librement brûlerait tout sur son passage si l'appareil répressif dont chacun s'est doté ne la refroidissait savamment dans des moules tout préparés, ces modèles, ces structures dont l'ensemble ainsi empli constitue les travaux et les jours de l'humanité. Mais il faut s'entendre sur le sens dans lequel se succèdent les phases de ce processus. Ce n'est pas parce qu'il y a répression que la *libido* se transforme en culture, s'arrachant ainsi à la nature, c'est parce que l'essence même de la culture est de s'arracher à la nature et de la dépasser pour constituer un ordre supranaturel que les obstacles opposés par la nature à cette transvaluation apparaissent une répression. En soi, il ne peut y avoir de répression qu'opposée à une pression, c'est parce que j'essaie de soulever un rocher qu'il m'apparaît lourd, alors qu'il n'est ni lourd ni léger, il pèse un nombre de kilogrammes que déterminent rigoureusement son volume et sa composition physico-chimique, voilà tout. Il n'y a même pas d'« obstacles opposés par la nature », pour l'excellente raison qu'elle ne s'oppose à rien. Simplement la loi d'égalité entre action et réaction les fait respectivement s'équilibrer, c'est l'initiative créatrice qui fait de la réaction une répression en rompant l'équilibre. On peut en dire autant de la culture et de la *libido*. Celle-ci fait partie de la nature, dont celle-là est arrachement par essence, effort vers une transcendance inaccessible. C'est

---

13. Cité par Josyane SAVIGNEAU dans *Moi, la Feuillère* (*Le Monde Aujourd'hui* des 20/21 mai 1984).

cet effort qui transforme en obstacle ce qu'il consiste à briser. En un mot l'incandescence de la *libido* est positive comme celle d'une lave, elle fait partie de ce qui est, rangeant ainsi la psychanalyse parmi les sciences positives, et la philosophie psychanalytique parmi les positivismes, dont la fonction est de justifier l'attitude naturelle, tandis que l'arrachement à soi vers un autre poursuivi comme une transcendance inaccessible, et par suite la retombée sur ce qu'elle crée précisément comme *soi*, ressortissent à la négativité, au transcendantal. Si la négativité a besoin de quoi nier, ce qu'elle nie ne la produit pas comme une cause son effet. *Tristan und Isolde* succède à la rupture de Richard Wagner avec Mathilde Wesendonck, *Bérénice* à celle de Louis XIV avec Marie Mancini ; l'œuvre d'André Gide procède d'une conjonction entre la critique du rigorisme protestant, l'amour grec des beaux éphèbes et l'horreur de l'hypocrisie bourgeoise. Mais succéder, ou même procéder, n'est pas résulter. L'œuvre traduit la situation de son auteur mais en la transposant, elle n'est que l'ensemble des débris d'un effort pour s'élever au-dessus de soi, qui a échoué, « un peu plus haut » ou « un peu plus bas ».

Chapitre IX

PASTICHE ET MÉLANGE

Les assertions qui précèdent exigent que la méthode proposée soit appliquée à une œuvre, afin de tester sa valeur. Mais il est extrêmement difficile d'obtenir qu'une très grande œuvre laisse entrevoir le point vers lequel se dirigeait son auteur, donc la direction d'où est retombé l'effort qui l'a transformé en créateur, et par suite l'état des *membra disjecta* dont l'ensemble constitue en retombant l'œuvre « achevée ». En revanche, une œuvre plus humble, ou dont la forme littéraire admirable enveloppe un contenu médiocre, se prête mieux à cette sorte de vérification, parce qu'on voit aisément ce que l'auteur a voulu nier, le but de son élan, la distance d'où celui-ci est retombé, par là les morceaux en lesquels cette chute a éclaté.

J'éliminerai donc la métaphysique, dont l'ambition vole trop haut ; la poésie, dont la fusion qu'elle opère entre le sens et le son fait malaisée l'exploration[1] ; la musique, dont l'auteur s'est assigné un but que par essence les mots sont impuissants à décrire ; les sciences, enfin, dont l'indispensable maîtrise échappe probablement à beaucoup de lecteurs, et en tout cas à moi-même.

---

1. Dans *L'Expérience Poétique* (Gallimard, 1938), André Rolland de Renéville a tenté cette exploration, et projeté des lueurs sur les aspects les moins accessibles de la poésie.

Reste la prose. Française parce que je la connais moins mal. Du XVIIᵉ ou du XVIIIᵉ siècles parce que c'est son âge d'or : jamais la propriété des termes, la saveur des tournures, la rigueur et l'audace syntaxiques n'ont atteint cette perfection, coïncidant à peu près avec ce moment exquis où le latin s'est assez éloigné pour permettre à la langue française d'accéder à sa propre autonomie, mais demeure assez perceptible pour qu'en soit laissée au lexique et à la syntaxe une couleur ineffacée. Alors Racine ? Pascal ? Saint-Simon ? Diderot ? Non, parce que les fins qu'a visées le dernier sont trop diverses ; celles qu'a ambitionnées Racine ont trop varié : poésie, analyse de la passion, théâtre, épigrammes, historiographie du Prince ; ce qu'a cherché Pascal ne nous est parvenu qu'à travers des notes découvertes après lui en vue d'une apologie qu'il n'a pas écrite ; Saint-Simon écrit prodigieusement, comme on sait ; mais il vise décidément bas. Généalogies, droits de la noblesse, rancune personnelle, dureté du cœur, foi en n'importe quel témoignage pourvu qu'il renforce ses thèses, consignation de n'importe quels événements sans égards à leur importance réelle. Sans doute l'antithèse que je cherche entre un très grand style et la médiocrité du contenu y est-elle. Mais elle est telle qu'entre ses moments l'écart apparaît trop grand. Tombant de très bas, on ne se fait aucun mal.

Un « moraliste » a visé un point assez élevé pour souffrir, mais trop peu pour qu'il nous échappe : La Bruyère est en même temps « psychologue » au sens où l'on a entendu ce terme jusqu'à Husserl, c'est-à-dire qu'il croit à un psychisme qui serait observable à la manière d'un paysage, il traite d'états de conscience, de mobiles et de motifs tout semblables à cet *amour propre*, à cet *intérêt* dans lequel les vertus se perdraient comme les fleuves dans la mer. Il déplore qu'on soit insincère, entendant par là qu'être sincère est être ce qu'on est, tâche dont nous savons bien qu'elle est irréalisable par essence. L'attristent la courtisanerie des courtisans, la futilité des modes, la préciosité des « riens » qu'on fait mille façons pour se dire à l'oreille. Trop souvent il se contredit, et de telle sorte qu'on s'en aperçoive trop vite. Il prescrit une morale du sens commun, décrit sans y prendre garde une psychologie de l'inauthenticité, consacre son dernier chapitre à mal copier Descartes. Bref il n'est lisible que parce qu'il écrit mieux, peut-être, que la plupart de ses contemporains. A la faveur de ce contraste entre forme et contenu, et puisque chez lui le but n'est ni trop élevé pour échapper aux regards ni trop bas pour que la chute donne lieu à une œuvre — elle fait éclater de très divers « caractères » et des maximes fort variées — son livre paraît le mieux désigné. Les *Maximes* de La Rochefoucauld se situent à peu près dans la même région, utilisent à peu près la même psychologie, et sont écrites presqu'aussi admirablement. Mais elles tendent toutes à étayer une thèse, et de surcroît insoutenable, évidemment parce que l'« intérêt » y apparaît une cause mécanique, plus profondément parce qu'*il se dissimule* sous les vertus, se comportant ainsi comme se comportera l'inconscient des psychanalystes, lequel se contredit puisqu'en s'exerçant comme « censure » il s'avoue conscient de ce qu'il faut censurer ou non. Je m'en tiendrai donc aux *Caractères*.

Dès qu'on en a lu trente pages, la beauté de la langue et la faiblesse des assertions frappent. A la hauteur sociale des parvenus il oppose la basse extraction sociale d'où ils se sont élevés, comme si l'ascension n'était pas un mérite. A la « saleté » des nourritures sans apprêt telles qu'on les voit dans les cuisines l'excellence des mets offerts sur une table bien servie, comme si précisément tout l'art culinaire ne consistait pas à transformer cela en ceci ; à la laideur des décors vus des coulisses la beauté du spectacle, comme si l'art théâtral n'était justement tout dans cette transmutation. Il y a là un réductionnisme bien français, une sorte de refus devant le risque, l'aventure, que Gide a dénoncé chez presque tous les écrivains de notre pays, et que résume la célèbre exclamation « Qu'allait-il faire dans cette galère ? ». La Bruyère va jusqu'à condamner la passion[2], sans laquelle on sait bien qu'il n'y aurait « rien

2. « ôtez les passions, l'intérêt, l'injustice, quel calme dans les plus grandes villes ! » (*De l'Homme*). Il est vrai qu'en 1688 la passion apparaît encore cette dictature qu'exercent sur l'âme les événements extérieurs lorsqu'elle les subit « passivement » (*pati, passivus*). *L'Éthique* (1677) et même *Les passions de l'âme* (1649) ne sont pas encore fort éloignées. Mais La Bruyère connaît la passion de Racine et de ses héros, renouvelée de celle des tragiques grecs. Il écrit *Les Caractères* quand a commencé la révolution dont Paul Hazard a montré qu'elle annonce la définition romantique de la passion, celle-là même qu'invoquera Hegel (« rien de grand » sans elle). Ce « calme des plus grandes villes » qu'il paraît souhaiter, celui des cimetières, vérifie son appartenance aux Anciens contre les Modernes.

de grand », et lorsqu'il s'avise d'énumérer les événements essentiels de l'existence, il n'en compte que trois, « naître, vivre et mourir »[3], comme si ces trois-là n'échouaient pas à ériger l'homme au-dessus de l'animal, comme si aimer et créer n'importaient pas plus encore, constituant le propre de l'homme. Avant que Swift montrât dans l'immortalité de quelques-uns le malheur de tous, il n'hésite pas à écrire que « si de tous les hommes les uns mouraient les autres non, ce serait une désolante affliction que de mourir »[4]. Grand écrivain, petit esprit.

Mais il offre ici l'avantage d'éclairer vivement le point jusqu'où il veut élever la société de son temps, un idéal d'honnêteté, de générosité, de simplicité, bien évidemment inatteint, et à partir duquel, par contraste, la cour et la ville sont aussitôt constitués comme ce qui échoue à y atteindre, condamnées à paraître un enchevêtrement de bassesses, d'intérêts sordides. Voilà donc pour ma tentative un échantillon qui paraisse destiné à l'illustrer.

Mais procéder à une analyse littéraire est pédant, et ennuie. Pourquoi ne pas laisser la parole à La Bruyère ? Comme les futurs peintres s'exercent en copiant les toiles de maîtres, comme Proust se glissait dans Balzac, Sainte-Beuve ou Michelet sous prétexte de conter *L'Affaire Lemoine*, en vérité pour mieux reconstituer leur écriture en en fécondant la sienne, je vais me risquer à étayer ma thèse en intégrant à La Bruyère quelques-unes des objections que soulèvent ses *Caractères*, lui abandonnant le soin d'y répondre. Ce pastiche mélangé sera ma conclusion.

Les Caractères

Je rends au public ce qu'il m'a prêté ; j'ay emprunté de lui la matière de ces caractères, qui ne sont qu'une restitution. Faire de lui un portrait d'après nature est l'unique fin que l'on doit se proposer en écrivant.

Si les hommes ne se dégoûtent point du vice, il ne faut pas

---

3. *De l'Homme.*
4. *De l'Homme.*

aussi se lasser d'en discerner la raison, ils seroient peut-être meilleurs s'ils venoient à n'être plus hersés de censeurs et de critiques.

Tout est dit, & l'on vient trop tard depuis plus de 7 000 ans qu'il y a des hommes, & qui pensent ; mais si la matière est vieille, la manière est toujours neuve, et tel qui croit avoir censuré n'a fait que louer, par le mauvais usage de bons discours. Je voudrais qu'il y prît garde.

Ne nous emportons point contre les hommes en voyant leur dureté, leur ingratitude, leur injustice, leur vanité, leur amour propre, leur oubli des autres. Ils sont ainsi, c'est ne pouvoir supporter qu'ils soient libres.

Inquiétude de l'esprit, inégalité d'humeur, intermittences du cœur, incertitude de conduite, tous vices de l'âme. Mais avec tout ce qui paroit entre eux, ils se supposent toujours l'un et l'autre dans une mesme subject ; le propre de la substance, dit Aristote[5], est qu'elle reçoit les contraires, mais l'un en suite de l'autre.

L'incivilitez n'est pas un vice de l'âme, elle est l'effet de plusieurs foiblesses, de l'effroi qu'inspirent les autres, du divertissement. Pour ne se répandre que sur le dehors, elle n'en est que moins haïssable, parce qu'elle paroit toujours visiblè et manifeste : la voyant on la pardonne, on la ressent.

Ménalque est colère, inégal, querelleux, chagrin, capricieux. C'est son humeur, dit-on pour l'en quitter. Mais s'il accomplit un grand ouvrage de l'esprit, où donc trouveroit-il le tems de sourire & flatter ? Ce qu'on appelle humeur est une chose trop répandue parmi les hommes. Ceux qui les en flétrissent devroient entendre que paroistre bon sans l'être est propre à qui n'a souci que de se divertir, & de plaire, parce qu'il ne sait point occuper son esprit.

On dit que les hommes naissent quelque fois avec des mœurs faciles, de la complaisance, & tout le désir de plaire. Mais par les traitemens de ceux avec qui l'on vit ou dont on dépend, l'on est bientôt jetté hors de ses mesures, et mesme de son naturel : l'on a des chagrins & une bile qu'on ne se connoissoit point. Qui nous en condamneroit ? Nul homme, au fond et en lui-même, ne se peut définir ; trop de choses qui sont hors de luy l'ont altéré, changé,

5. *Catégories*, V.

bouleversé, il n'est point précisément ce qu'il est, ou qu'il devroit être, il ne peut l'être.

Il n'y a pour l'homme que cinq événemens, naître, vivre, aimer, créer, mourir. Il ne se sent pas naître, ou l'oublie, il souffre à mourir, il oublie de vivre, mais il aime & crée, c'est par là qu'il est homme plutôt qu'une beste.

La philosophie convient à tout le monde. Elle nous console du bonheur d'autrui, des indignes préférences, des mauvois succès. Elle ne nous arme pas contre le déclin de nos forces ou de notre beauté, contre la pauvreté, la maladie, la vieillesse & la mort.

Nous louons ce qui est loué bien plus que ce qui est louable, mais le grand poète se distingue du médiocre à ce qu'il loue les vers d'un autre grand poète.

Un sot a toujours assez de ce qu'il faut d'esprit pour être fat.

Entre le bon sens et le bon goût il n'y a pas la proportion du tout à sa partie.

Un homme est fidèle à de certaines pratiques de la religion, il s'en acquitte avec exactitude, on n'y pense seulement pas. Tel autre y revient après les avoir négligées dix années entières, on se récrie, l'exalte. Moi je le blasme d'un si long oubli de ses devoirs, mais Dieu loue le pécheur repenti plus que le dévot.

Un homme subject à se laisser prévenir, s'il ose remplir une dignité ou séculière ou ecclésiastique, est un aveugle qui veut peindre, un muet qui veut haranguer, un sourd juge d'une symphonie. Mais y a-t-il des jugements fondés ? Ou le sont-ils sur autre chose que des postulations, des principes dont on use pour démontrer mais que nul n'a démontrés ? Le P. Saccheri l'a démontré.

Si de tous les hommes les uns mourroient, les autres non, vieillissant ainsi sans fin, ce seroit pour tous une désolante affliction que de vivre. C'en est une.

Les hommes gardent leurs mœurs, toujours mauvaises. Mais d'où vient que je le scay ? Si le jour ne se levoit jamais, la nuict n'auroit pas de nom.

Il se trouve des maux dont chaque particulier gémit & qui deviennent néanmoins un bien public, d'où suit que le public est autre chose que tous les particuliers.

La modestie est-elle au mérite ce que les ombres sont aux figures dans un tableau, lui donnant de la force et du relief[6], ou ne tend-elle qu'à faire que personne ne souffre de ne penser qu'à soi, & n'est-elle par là qu'une vertu du dehors[7] ?

Si l'on faisoit une sérieuse attention à tout ce qui se dit de froid, de vain & de puéril dans les entretiens ordinaires, l'on auroit honte de parler & d'écouter, mais l'on se condamneroit à un silence perpétuel qui seroit une chose pire. S'accorder à tous les esprits, ou les fuir au désert avec Alceste, seroit commettre la mesme faute. Les extremitez sont vicieuses, & partent de l'homme. Entre elles s'offre cette conversation avec les honnestes gens du passé qui ont composé tous les ouvrages que loue Des Cartes, & avec ceux de notre siècle qui les ont lus.

Chez les grands & qui sont riches, n'entrez point dans leurs cuisines, où l'on voit réduit en art et en méthode le secret de leur élévation. Si vous voyez là tout ce qui ornera leur table, où ils vous traitent, quelles saletez ! Quel dégoût ! Allez derrière un théâtre, nombrez les poids, les rouës, les cordages par lesquels on exécute les vols & divers mouvemens. Vous direz : Sont-ce là les principes & les ressorts de ce spectacle si beau ? De mesme n'approffondissez pas la fortune des P.T.S.

Mais Cléanthe m'oppose qu'avec des putréfactions & des pourritures la nature a formé des cristaux, de l'or, des fleurs, des bestes, qu'avec de la laideur ou des vices j'ai foit mes Caractères, qu'il honore en y voyant un bel ouvrage de l'esprit, qu'enfin si ce qu'on voit n'étoit rien de plus que ce découvrent les cuisines, ou les ressorts au théâtre, il n'y auroit point ce contraste qu'il y a en effet. Les biens n'auroient point de nom si les maux n'en avoient.

Le guerrier & le politique, non plus que le joueur habile, ne font pas le hasard ; mais ils le préparent, l'attirent, & semblent presque le déterminer. Non seulement ils sçavent ce que le sot & le poltron ignorent, je veux dire se servir du hasard quand il arrive ; ils sçavent mesme profiter par leurs précautions & leurs mesures d'un tel ou tel hasard, ou de plusieurs à la fois ; si ce point arrive, ils gagnent ; si c'est un autre, ils gagnent encore : un mesme point les

6. *Du mérite personnel.*

7. *De l'Homme.*

fait gagner de plusieurs manières. Ces hommes sages peuvent être loués de leur bonne fortune comme de la mauvaise qu'ils ont su tourner au bien de leur parti, et le hasard leur est vertu.

Un lieutenan-Général que la défaite avoit banni chez les gens de delà l'eau, & fait rebelle à son Prince, a su reprendre sa patrie & la république par l'endroit seul qu'elles étoient encore prenables. Le chef, écrivoit-il, « vainc cet ennemi que les autres appellent hasard, et qui n'est que ne s'être point paré »[8].

---

8. Devant un Chef, recule « cette hostilité latente du hasard qu'entraîne toujours l'improvisation » (Ch. DE GAULLE, *La France et son armée*, 10/18, p. 212).

TABLE DES MATIÈRES

Photocomposé en Times de 10
et achevé d'imprimer en mars 1988
par l'Imprimerie de la Manutention à Mayenne
N° 140-88